Bela
COZINHA
— 2 —

Bela
COZINHA
— 2 —

Bela Gil

gnt

GLOBO estilo

BLITZ

Bela Cozinha

Bem Gil & Domenico

Seja bem-vindo ao programa
Da Bela Cozinha é aquela
Que a virtude dela
É tudo que vai na panela
Tem feijão de cor, tem
Tem gosto de casa, tem
Um cheiro de flor, tem
Tem sabor de saber, bem

Salve a pimenta, gengibre, cebola e sal

Seja bem-vindo ao programa
Da Bela Cozinha é aquela
Que a virtude dela
É tudo que vai na panela
Tem feijão de cor, tem
Tem gosto de casa, tem
Um cheiro de flor, tem
Tem sabor de saber, bem

Cacao Tobler
BATTLESHIP
BUTTERFLY

Bela Cozinha é um programa onde eu tento divulgar uma visão mais ampla da alimentação saudável e mostrar às pessoas que a escolha da nossa comida impacta o mundo de diversas maneiras. Considero a comida e o ato de cozinhar ferramentas políticas, econômicas, sociais, ambientais e de saúde. Por isso, devemos escolher bem o que comemos e oferecemos à nossa família.

Aqui, apresento pratos muito saborosos feitos com ingredientes saudáveis que irão beneficiar a nossa saúde e o planeta. Selecionei algumas receitas imperdíveis das temporadas 2, Verão e 3 do *Bela Cozinha* para vocês poderem experimentar e constatar a delícia que é se alimentar com o melhor combustível pro ser humano: a comida de verdade!

Em sua maioria, as receitas deste livro são baseadas em frutas, legumes e verduras, sempre frescos, naturais e livres de agrotóxico. São pratos versáteis e práticos, para serem servidos tanto no dia a dia como em ocasiões especiais.

Aproveitem!

Sumário

Sobremesas & doces

Café da manhã & lanche

Sucos & vitaminas

Receitas básicas da Bela

Recomendações da Bela
para uma alimentação saudável

1 Coma devagar e mastigue muito bem os alimentos. Comer com pressa nunca é bom. Quando eu paro pra comer, realmente me dedico a esse momento, e sei que faz um bem danado pro meu astral e pra todo o processo digestivo. Comer devagar e mastigar muito bem os alimentos são ações muito simples, que não exigem nenhuma habilidade especial... Pense o quanto você tem deixado isso de lado no seu dia a dia e perceba o bem que essa mudança pode lhe fazer.

2 Troque o supermercado pela feira. Sua criatividade na cozinha aumenta, a escolha pelos ingredientes da estação é mais natural, e você vai acabar levando pra casa mais legumes, frutas e verduras.

3 Consuma carnes e ovos com moderação. Quem pensa em churrasco pensa sempre em carne, mas sugiro moderação para o consumo de carnes em geral (frango, peixe, vaca e porco) e ovos. Um jeito legal de não abrir mão totalmente das carnes é utilizá-las como tempero, e não como item principal do prato.

4 Perceba como você se sente após comer certos alimentos. É muito bom se voltar pra si e perceber o próprio corpo. Independentemente do que dizem os especialistas, há coisas que podem te afetar e só você mesmo vai perceber o que é que te faz mal. Dor de cabeça, peso no estômago, azia, sonolência, irritação... Autoconhecimento é uma grande conquista, inclusive na área alimentar!

5 Coma quando estiver com fome!

Nosso corpo é um sistema muito bem programado para sinalizar quando precisa de mais combustível. São muitos processos delicados que se regulam pra avisar quando a gente tem que comer. A fome é nossa aliada pro bom funcionamento do corpo e pra regular a energia – nem menos, nem mais. Agora, é importante diferenciar o que é fome do que é hábito, ansiedade, tédio...

6 Compre alimentos orgânicos e locais sempre que possível.

Essas escolhas vão além do que você coloca no seu carrinho; elas têm uma implicação em toda a cadeia produtiva, na economia e na ecologia. Leia o rótulo antes de comprar itens industrializados, procurando evitar aqueles que utilizam agrotóxicos, adubos químicos, antibióticos, hormônios e aditivos sintéticos. Aos poucos, você incorpora esses novos hábitos e o seu corpo vai funcionar melhor.

7 Não cozinhe os alimentos em excesso.

Além do cuidado na escolha dos ingredientes, o modo de prepará-los pode afetar o seu valor nutricional. No caso das vitaminas, pode-se acabar perdendo boa parte delas se o alimento não for consumido bem fresco, ou se for utilizado sem a casca, por exemplo. Um bom jeito de manter as vitaminas é não cozinhar os alimentos em excesso, principalmente os vegetais. Prefira cozinhá-los no vapor e reutilize a água de cocção para não perder as vitaminas.

Petiscos & aperitivos

Patê de lentilha com nozes e brócolis

vegano - vegetariano - sem glúten

rendimento: 4 porções / tempo: 15 min. / dificuldade: fácil

Este patê é uma ótima opção para vegetarianos que se preocupam com o valor de proteína na dieta. A lentilha, segunda principal fonte de proteína para os vegetarianos em muitos países, é um grão conveniente na cozinha, tanto pela sua versatilidade como pela rapidez de cozimento. A lentilha é rica em proteína e vitaminas do complexo B, as nozes são anti-inflamatórias por conter alto teor de ômega-3; juntos, esses dois alimentos ajudam a tonificar os rins. Esta combinação é uma ótima opção para atletas que precisam repor as energias e proteínas após os treinos, pois é feita de ingredientes nutritivos e anti-inflamatórios, que podem ajudar a prevenir lesões.

INGREDIENTES

- 1 xícara (chá) de nozes
- ½ maço de brócolis
- 1-1,5 litro de água para escaldar o brócolis
- 1 colher (café) de sal marinho
- 1 colher (sopa) de azeite de oliva
- 2 xícaras (chá) de cebola picada
- 1 xícara (chá) de lentilha cozida
- 1 colher (sopa) de alho picado
- 1 colher (sobremesa) de missô
- ⅓ de xícara (chá) de salsinha picada

MODO DE PREPARO

1. Coloque as nozes em uma assadeira e leve ao forno por 10 minutos.
2. Enquanto isso, lave e corte o brócolis. Escalde-o em água fervente com sal por 30 segundos.
3. Numa frigideira, aqueça o azeite e refogue a cebola até ficar bem dourada.
4. Junte todos os ingredientes no processador, exceto as flores de brócolis: nozes, cebola refogada, lentilha cozida, alho, missô e salsinha. Processe até obter um pasta.
5. Sirva o patê acompanhado do brocólis.

Pasta de grão-de-bico com coentro

vegano - vegetariano - sem glúten

rendimento: 6 porções / tempo: 10 min. / dificuldade: fácil

Eu amo coentro, mas sei que muitas pessoas detestam o seu sabor e aroma. Porém acredito que, para mudar hábitos alimentares, vale a pena insistir: provar o coentro em situações prazerosas e com pessoas legais pode ajudar a mudar a associação que o cérebro faz para esse sabor. Uma boa dica para facilitar o processo de aceitação ao coentro é macerá-lo, o que ajuda a converter as substâncias aromáticas, como os aldeídos, em substâncias sem aromas. Uma pastinha de grão-de-bico com coentro, como esta, pode ser um bom começo para quem diz não gostar dessa planta – tão cheirosa e saborosa. Quem topa o desafio?

INGREDIENTES

- 1 xícara (chá) de grão-de-bico cozido
- 1 colher (sopa) de tahine
- 1 colher (chá) de sal
- ½ xícara (chá) de coentro fresco
- 2 talos de aipo cortados em palitos
- 1 cenoura cortada em palitos
- 2 colheres (sopa) de azeite
- 1 dente pequeno de alho
- 2 colheres (sopa) de água

MODO DE PREPARO

1. Coloque todos os ingredientes no liquidificador ou processador e bata até virar uma pasta homogênea.

A verdadeira comida saudável é aquela que faz bem pra nossa saúde, pro meio ambiente e pra quem produz. #dicadabela

Queijo vegano de amêndoas com abobrinha crua

vegano - vegetariano - sem glúten*

rendimento: 8 porções / tempo: 15 min. + 8 horas de molho + 6 horas de fermentação + 24 horas para o rejuvelac / dificuldade: elaborada

Este queijo feito de amêndoas é uma das coisas mais gostosas que já passei em um pão. Nunca fui fã de queijos e não me dou muito bem com eles, por isso essa variedade me deixou feliz. Além de delicioso, é nutritivo e uma ótima opção para quem tem alergia ou intolerância ao leite. Usamos amêndoas germinadas, que aumentam a biodisponibilidade dos nutrientes latentes nas sementes: o teor de proteína é maior e os carboidratos são parcialmente quebrados. Também deixamos esse queijo fermentar por algumas horas, o que aumenta ainda mais a sua digeribilidade. Porém, se preferir um "queijinho" rápido, pode usar o bagaço do leite de amêndoas e temperá-lo como sugerido na receita.

INGREDIENTES

Queijo

- 2 xícaras (chá) de amêndoas sem casca (de molho por 8 horas)
- 1 xícara (chá) de água
- 1 colher (sopa) de missô
- 2 colheres (sopa) de rejuvelac (veja ao lado)
- 3 colheres (sopa) de orégano seco
- ¼ de xícara (chá) de cebolinha picada
- 1 colher (chá) de sal marinho
- 1 limão espremido
- pimenta-do-reino (opcional)

Rejuvelac

- ½ xícara (chá) de cevada em grãos (ou arroz, aveia** ou trigo integral)
- 2 xícaras (chá) de água

MODO DE PREPARO

Queijo

1. Bata as amêndoas, a água, o missô e o rejuvelac no liquidificador até obter uma pasta.
2. Forre uma peneira com um pedaço de voal ou um saco de fazer leite vegetal e apoie numa bacia. Jogue a pasta de amêndoa na

*Se usar arroz integral ou aveia para o rejuvelac.
**A aveia naturalmente não contém glúten, e já existe aveia certificada sem glúten.

peneira e feche o pano, espremendo a pasta, para retirar o excesso de líquido.

3. Deixe fermentar por 4 a 6 horas em temperatura ambiente. Quando o queijo estiver no ponto, já fermentado, misture as ervas, o sal, o limão e a pimenta.

4. Sirva com fatias de abobrinha crua, como um canapé. Mantenha na geladeira por 2 a 3 dias.

Rejuvelac

1. Lave a cevada, coloque num pote de vidro com a água e tampe. Conserve em temperatura ambiente por 24 horas.

Guacamole com tortilha de milho

vegano - vegetariano - sem glúten

rendimento: 6 porções / tempo: 15 min. / dificuldade: fácil

Este é um dos lanches mais gostosos que conheço! Guacamole é uma das minhas grandes paixões e combina com muita coisa, principalmente com tortilhas de milho. O lanche não é necessário para muita gente, porém outras pessoas não conseguem viver sem ele. Muitos deixam o lanche se tornar o momento do dia de consumir besteirinhas, mas o que o corpo precisa é de mais energia e, de preferência, de boa qualidade. Então, biscoitos, salgadinhos, chocolates, refrigerantes não devem ser o habitual do lanche e sim um guacamole, um bolinho de arroz, um queijinho de amêndoas ou uma fruta. O lanche é mais uma refeição que deve ser saudável, então, por que não experimentar o guacamole?

INGREDIENTES

- 3 abacates do tipo avocado maduros descascados
- 1 tomate médio maduro, cortado em cubos (opcional)
- ½ xícara (chá) de cebola-branca picada
- ¼ de xícara (chá) de folhas de coentro picadas
- 4 colheres (sopa) de suco fresco de limão
- 2 colheres (sopa) de azeite
- sal marinho a gosto
- tortilhas de milho para servir

MODO DE PREPARO

1. Corte o abacate em pedaços grandes e esmague-os grosseiramente em uma tigela com um garfo.

2. Adicione os ingredientes restantes e misture. Prove e ajuste o tempero. Sirva com tortilhas de milho.

Cozinhar é um ato de liberdade. #dicadabela

Nori chips

vegano - vegetariano - sem glúten

rendimento: 4 porções / tempo: 15 min. / dificuldade: fácil

As algas marinhas são riquíssimas em cálcio e iodo, ou seja, boa opção para as mulheres que estão entrando na menopausa e correm maior risco de ter osteoporose e problemas na tireoide. Esta receita é feita com folhas de nori, aquelas mesmas que enrolam o sushi. Elas são feitas a partir de uma mistura de algas marinhas prensadas em forma de folha de papel. Quando fiz este lanche para o Gabriel, filho da Astrid Fontenelle, ele não parou de comer um segundo. Lá em casa, quando faço nori chips, tenho que preparar alguns tabuleiros, pois a Flor devora tudo e ainda pede para levar para a escola. Esta receita é um excelente petisco ou acompanhamento de sopa, para quem está querendo perder peso.

INGREDIENTES

- 3 folhas de nori
- 2 colheres (sopa) de azeite de oliva
- uma pitada de sal marinho
- 2 colheres (sopa) de sementes de gergelim branco (ou cebola em pó, alho em pó ou pimenta-de-caiena)

MODO DE PREPARO

1. Preaqueça o forno a 170 °C.
2. Corte as folhas de nori em quatro, com uma faca ou tesoura de cozinha, e coloque-as numa assadeira, em uma camada única.
3. Pincele levemente o nori com azeite, usando um pincel ou os dedos. Polvilhe com sal e com a especiaria em pó à sua escolha.
4. Asse por cerca de 5 minutos, até que os chips de nori se tornem verdes e crocantes, começando a se franzir um pouco. Deixe esfriar e sirva ou guarde em um recipiente fechado por até 1 semana.

Bolinho de arroz com pesto

vegano - vegetariano

rendimento: 20 unidades / tempo: 40 min. / dificuldade: fácil

O molho pesto é muito versátil e um excelente destino para as folhas que estão na geladeira e não sabemos o que fazer com elas. Tradicionalmente, acompanha massas, mas achei que seria bom usá-lo para dar sabor ao bolinho de arroz. No episódio do programa *Bela Cozinha* em que preparei esta receita estava fazendo lanches para crianças. Como convidados, recebi minha filha Flor, meu sobrinho Bento e seus amigos. E todos adoraram o pesto! Apostei no sucesso da receita e acertei. As crianças amaram, e viram que é possível se divertir e comer bem de maneira saudável e com muito sabor.

INGREDIENTES

- 1 xícara (chá) de manjericão
- 1 xícara (chá) de salsinha
- ⅓ de xícara (chá) de nozes
- ⅔ de xícara (chá) de parmesão ralado (opcional)
- 2 colheres (sopa) de azeite
- uma pitada de sal
- 1 dente de alho
- 4 xícaras (chá) de arroz integral cozido

MODO DE PREPARO

1. Coloque os ingredientes do molho pesto (tudo menos o arroz) no processador e bata.

2. Misture o pesto com o arroz integral e faça os bolinhos.

3. Coloque numa assadeira e leve ao forno a 220 °C, por 20 minutos.

Quando cozinharmos pensando e respeitando a saúde do corpo, da terra e dos produtores, conseguiremos construir um futuro melhor. #dicadabela

Espetinho de tempeh com brócolis

vegano - vegetariano - sem glúten

rendimento: 6 espetinhos / tempo: 40 min. / dificuldade: fácil

Muitos nunca devem ter ouvido falar no tempeh, alimento feito de soja fermentada, típico do Japão e da Indonésia. A soja é um tipo de feijão riquíssimo em proteína, cálcio, fósforo e ferro, porém, para ser digestiva, deve ter um modo de preparo especial. A soja *in natura*, ou não fermentada, usada no leite e na carne de soja, é altamente indigesta devido à presença de inibidores da tripsina e pode provocar distúrbios na tireoide, por inibir a absorção de iodo. Porém, depois de passar pelo processo de fermentação, essas características são amenizadas, e a soja se torna um alimento benéfico quando consumido com moderação. E já se pode encontrar o tempeh feito de soja orgânica em lojas de produtos naturais.

INGREDIENTES

Tempeh

- 250 g de tempeh (soja fermentada)
- ½ xícara (chá) de água
- ¾ de xícara (chá) de shoyu sem glúten
- ¼ de xícara (chá) de melado
- ¼ de xícara (chá) de mostarda + 1 colher (sopa) para servir
- 1 dente de alho
- 1 pitada de sal marinho
- 2 colheres (sopa) de tomilho
- 5 palitos de churrasco médios

Brócolis

- 1 maço de brócolis-americano cortado em flores
- sal marinho
- 2 dentes de alho picados
- 1 colher (sopa) de gengibre
- azeite de oliva

MODO DE PREPARO

Tempeh

1. Corte o tempeh em cubos de 2 centímetros e coloque-os numa assadeira pequena e funda.

2. Bata a água com os temperos, exceto o tomilho, no liquidificador, misture o tomilho à mão e acrescente a preparação ao tempeh.

3. Leve ao forno baixo por 30 minutos, prestando atenção para não deixar ressecar muito o tempero.

Brócolis

1. Escalde o brócolis em água fervente com sal por 30 segundos. Reserve.

2. Refogue o alho e o gengibre no azeite e adicione o brócolis pré-cozido. Deixe refogar por 3 minutos e reserve.

Montagem

1. Coloque 1 colher (sopa) de mostarda numa vasilha e besunte o tempeh, um por um, com a ajuda de uma colher.

2. Coloque no palito um tempeh, uma flor de brócolis e um tempeh novamente. Sirva.

Focaccia de biomassa de banana verde

vegetariano - sem glúten

rendimento: 1 porção / tempo: 1 hora e 20 min. / dificuldade: elaborada

Como boa descendente de italianos, adoro pães e massas e fico superfeliz cada vez que crio uma receita diferente de pão. Neste caso, fiz uma focaccia sem glúten, com ingredientes 100% naturais e nutritivos.
A biomassa de banana verde, que ajuda a dar liga ao pão, é um carboidrato complexo, rico em amidos resistentes que não são digeridos e absorvidos no intestino delgado de indivíduos sadios; eles são fermentados no intestino grosso, estimulando as bactérias benéficas e reduzindo a probabilidade de câncer de cólon. Então, esta focaccia, além de ser muito gostosa, ainda contém ingredientes altamente nutritivos e saudáveis, ajudando muitas pessoas a aderirem a uma alimentação mais consciente.

INGREDIENTES

- 1 xícara (chá) de água morna
- 1 colher (chá) de fermento biológico
- 1 colher (chá) de açúcar mascavo
- 2 ovos de galinha caipira
- 1 xícara (chá) de biomassa de banana verde (veja p. 169)
- 2 colheres (sopa) de azeite
- uma pitada de sal marinho
- 1 ⅓ de xícara (chá) de farinha de arroz integral
- 1 colher (sopa) de Psyllium husk*
- 2 colheres (sopa) de sementes de abóbora
- 2 colheres (sopa) de alecrim fresco picado
- ⅓ de xícara (chá) de azeitonas roxas picadas

MODO DE PREPARO

1. Numa tigela, misture a água morna, o fermento e o açúcar mascavo.
2. No liquidificador, bata os ovos, a biomassa, o azeite e o sal.
3. Passe para a batedeira e adicione a mistura de água morna, o fermento e o açúcar mascavo e bata. Acrescente a farinha de arroz aos poucos e bata por mais alguns minutos.
4. Acrescente o Psyllium, as sementes de abóbora, o alecrim e as azeitonas. Misture bem e despeje a massa numa assadeira untada com óleo ou azeite.
5. Deixe descansar por 30 minutos. Leve ao forno preaquecido a 200 °C, por 25 a 30 minutos.

*Fibra solúvel que ajuda a reduzir o nível de colesterol no sangue. Pode ser encontrado em lojas de produtos naturais ou farmácias.

Abóbora hokkaido ao forno

vegano - vegetariano - sem glúten

rendimento: 8 porções / tempo: 40 min. / dificuldade: fácil

Adoro receber amigos em casa para jantar, por isso sempre tenho uma receita de petisco em mente. E quem disse que só os queijos compõem um belo aperitivo? A abóbora assada é um petisco delicioso e supersaudável; tenho certeza de que você irá surpreender os convidados. Também conhecida como abóbora-japonesa ou cabotiã, a abóbora hokkaido é a minha variedade preferida, tanto pelo seu sabor doce, como pela sua consistência inigualável. Rica em betacaroteno, antioxidante natural que ajuda a prevenir a formação de radicais livres que provocam o envelhecimento celular, contém altos níveis de vitamina A, C e K e ajuda a estabilizar o nível de açúcar no sangue. Você pode usá-la até para engrossar caldos, sopas e cremes.

INGREDIENTES

- 1 abóbora-japonesa (hokkaido) média
- ½ colher (chá) de sal marinho
- 2 colheres (sopa) de azeite de oliva
- alecrim fresco a gosto

MODO DE PREPARO

1. Preaqueça o forno a 200 °C.
2. Lave a abóbora e corte-a em pedaços pequenos (com a casca).
3. Tempere com o sal e o azeite numa tigela. Passe para uma assadeira ou um refratário e salpique um pouco de alecrim por cima. Leve ao forno por 30 minutos.

Pipoca com coco

vegano - vegetariano - sem glúten

rendimento: 4 porções / tempo: 20 min. / dificuldade: fácil

Um dia a minha filha me perguntou como o milho vira pipoca e resolvi pesquisar. O milho de pipoca é uma variedade diferente da do milho-verde. No milho de pipoca, a quantidade de água dentro do grão é menor, e a camada externa, ao redor da semente, é mais resistente. A pressão do vapor dentro do grão é que faz ele estourar. Além disso, esse grão possui um tipo de amido duro e cristalino em uma quantidade muito maior que no milho-verde, e é isso que produz aquele estouro quando o aquecemos. E, para dar um sabor deliciosamente doce a essa mágica, usamos coco ralado e rapadura, mas pode ser chocolate amargo, creme de coco ou castanhas, e o que mais a sua criatividade saudável permitir.

INGREDIENTES

- 2 colheres (sopa) de óleo de coco + um pouco para derreter a rapadura
- ½ xícara (chá) de milho de pipoca
- 4 colheres (sopa) de rapadura ralada
- 4 colheres (sopa) de coco ralado

MODO DE PREPARO

1. Esquente o óleo de coco em uma panela. Coloque o milho de pipoca, tampe e deixe em fogo médio até estourar.
2. Quando os grãos pararem de estourar, desligue o fogo e aguarde alguns minutos para retirá-los da panela.
3. Em outra panela, coloque um pouco de óleo de coco; acrescente em seguida a rapadura e deixe derreter. Adicione o coco ralado e deixe dourar. Quando ficar no ponto, jogue em cima da pipoca e misture.

A alimentação saudável é um investimento e uma garantia de qualidade de vida.
#dicadabela

Entradas, saladas & acompanhamentos

Sopa de cenoura com gengibre

vegano - vegetariano - sem glúten

rendimento: 4 porções / tempo: 30 min. / dificuldade: fácil

Cenoura com gengibre é uma combinação perfeita, pois o ardor do gengibre equilibra a doçura da cenoura e deixa tudo muito saboroso. Tem gente que não gosta ou não pode comer alho ou cebola, e eu indico usar gengibre para substituí-los no refogado. Ele dá um sabor superespecial ao alimento, principalmente aos vegetais, e é um excelente digestivo que ajuda o organismo a processar bem a comida. Experimente esta sopa, especialmente à noite, para dormir e acordar bem leve.

INGREDIENTES

- ¼ de cebola picada
- 1 colher (sopa) de óleo de gergelim cru (ou azeite ou óleo de girassol)
- 2 cm de gengibre picado
- 5 cenouras picadas grosseiramente
- 4 xícaras (chá) de água
- ½ colher (chá) de sal marinho

MODO DE PREPARO

1. Refogue a cebola com o óleo de gergelim.
2. Adicione o gengibre, as cenouras e a água. Tempere com o sal e deixe cozinhar por 20 minutos, com a panela tampada.
3. Bata no liquidificador com a água do cozimento, até ficar bem cremoso.

Educação não é só falar por favor e obrigada e sim fazer escolhas que afetem o mínimo possível os outros e o meio ambiente. #dicadabela

Inhame palha

vegano - vegetariano - sem glúten

rendimento: 4 porções / tempo: 15 min. / dificuldade: fácil

Criar e seguir critérios é muito importante num momento de reeducação ou até mesmo de educação alimentar. Obedecer a regras alimentares por um período muda a nossa visão sobre a alimentação e os aspectos que o ato de comer envolve. Prestamos mais atenção à quantidade que comemos, diferenciamos a fome da vontade de comer (mais conhecida como gula), procuramos saber como a comida chega ao nosso prato, prezamos pela qualidade do alimento. Por exemplo, muitos dizem não comer fritura e jamais fazê-la em casa, mas abrem um pacote de batatinha frita e o devoram inteiro. Depois que você adquire consciência alimentar, prefere fazer sua própria fritura em casa, consumindo muito menos gordura e com mais parcimônia e prazer. Faça seu inhame palha e saboreie com o estrogonofe de cogumelos.

INGREDIENTES

- 3 inhames
- óleo de girassol suficiente para submergir o inhame (ou óleo de milho, de soja orgânico ou de coco)
- sal marinho a gosto

MODO DE PREPARO

1. Descasque os inhames e rale-os na parte grossa do ralador.
2. Esquente o óleo em uma panela funda.
3. Frite os inhames no óleo bem quente, mas não esfumaçando (para que a fritura fique bem sequinha).

Couve-flor à milanesa com molho de azeitona

vegetariano - sem glúten

rendimento: 4 porções / tempo: 30 min. / dificuldade: fácil

Temos que aceitar o fato de que tudo o que é frito fica muito gostoso. A gordura traz muito sabor à comida e pode, sim, fazer parte de uma alimentação saudável. O segredo da boa alimentação está sempre na frequência do consumo, na quantidade e na qualidade dos alimentos. Comer um pedaço de couve-flor frita numa refeição repleta de vegetais, verduras, grãos integrais, feijão ou carnes de boa procedência é uma ótima forma de variar o cardápio e sair da monotonia. A couve-flor é um alimento riquíssimo em sulforafano, um antioxidante que comprovadamente ajuda a prevenir e combater o câncer.

INGREDIENTES

Couve-flor

- 2 ovos
- uma pitada de sal marinho
- 1 maço de couve-flor
- 1 xícara (chá) de farinha de mandioca
- óleo de girassol para fritar

Molho de azeitona

- 250 g de tofu
- 2 xícaras (chá) de azeitonas verdes ou pretas
- 1 dente de alho
- 1 colher (sopa) de azeite de oliva
- água, se necessário

MODO DE PREPARO

Couve-flor

1. Num prato, bata os ovos com uma pitada de sal.
2. Passe a couve-flor primeiro nos ovos batidos, depois na farinha de mandioca, para empanar.
3. Coloque o óleo para esquentar e frite a couve-flor.
4. Sirva com o molho de azeitona.

Molho de azeitona

1. Coloque todos os ingredientes em um processador de alimentos e misture bem.

Abobrinha recheada com freekeh

vegano - vegetariano

rendimento: 6 porções / tempo: 1 hora e 15 min. / dificuldade: média

O freekeh é um grão de trigo verde e imaturo, levemente tostado, com sabor defumado, muito utilizado na culinária árabe e mediterrânea. Sua cor, textura e sabor combinam no recheio de vegetais e charutos de repolho ou folha de uva. Rico em proteína, fibra, cálcio, ferro e zinco, é uma ótima opção para variar o consumo de cereais no dia a dia. Diferente dos grãos de trigo maduro, contém bons níveis de luteína e zeaxantina, que são substâncias conhecidas por prevenir doenças relacionadas à degeneração macular, como a catarata. Seus carboidratos resistentes atuam como pré-bióticos no intestino, alimentando bactérias benéficas à flora intestinal e melhorando a digestão.

INGREDIENTES

- 1 colher (sopa) de cebola picada
- 2 dentes de alho picado
- azeite a gosto
- 1 xícara (chá) de freekeh (ou quinoa, cevadinha ou painço integral)
- 2 xícaras (chá) de água
- uma pitada de sal marinho
- 2 abobrinhas médias
- sal, pimenta-do-reino e orégano a gosto

MODO DE PREPARO

1. Refogue a cebola e o alho no azeite e adicione o freekeh.
2. Deixe refogar por alguns segundos e acrescente a água e o sal. Assim que ferver, abaixe o fogo, tampe a panela e deixe cozinhar por 40 minutos.
3. Lave e corte as abobrinhas em rodelas de dois dedos de espessura. Retire as sementes com a ajuda de uma faca. Arrume as abobrinhas numa assadeira e preaqueça o forno a 180 °C.
4. Quando o freekeh estiver pronto, recheie as abobrinhas. Polvilhe por cima com sal, pimenta-do-reino e orégano. Tempere com fios de azeite e leve ao forno por 30 minutos. Sirva em seguida.

Charuto de folha de uva com molho de menta

vegano - vegetariano

rendimento: 12 unidades / tempo: 1 hora / dificuldade: média

Este prato faz sucesso. Ele pode ser servido quente ou frio, com ou sem molho. Aqui, usei folha de uva para enrolar e cevadinha no recheio, mas pode-se usar repolho para enrolar e, para uma receita sem glúten, arroz integral ou quinoa no recheio. A culinária árabe é repleta de alimentos ricos em triptofano, aminoácido precursor da serotonina, conhecido também como neurotransmissor do bem-estar. A serotonina regula funções do sistema nervoso e hormonal e evita depressão e ansiedade. O gergelim do tahine, o grão-de-bico do homus e a cevadinha do charuto de folha de uva são alguns exemplos de alimentos que podem melhorar o seu astral.

INGREDIENTES

Molho de menta

- ½ xícara (chá) de tahine
- ¼ de xícara (chá) de azeite de oliva
- suco de 2 limões
- 1 xícara (chá) de menta (ou hortelã)
- ½ colher (chá) de sal marinho
- 1 xícara (chá) de água

Charuto de folha de uva

- 1 xícara (chá) de cevadinha
- 1 colher (sopa) de azeite de oliva (para refogar)
- 1 ½ xícara (chá) de água
- ½ colher (chá) de sal
- 2 rolos (300 g) de folha de uva
- ½ maço de salsinha
- ½ maço de cebolinha
- ¼ de xícara (chá) de nozes
- 1 dente de alho picado
- uma pitada de canela em pó
- ¼ de xícara (chá) de uvas-passas
- 1 colher (sopa) de azeite de oliva (para temperar)
- suco de 1 limão
- 1-2 copos de água com 1 colher (sopa) de azeite

MODO DE PREPARO

Molho de menta

1. Bata todos os ingredientes no liquidificador.

Um dos maiores inimigos da alimentação é a propaganda/marketing. #dicadabela

Charuto de folha de uva

1. Numa panela média, refogue a cevadinha no azeite. Adicione a água, o sal e deixe cozinhar por 20 minutos, tampado.
2. Desenrole as folhas de uva e escalde-as.
3. Pique bem a salsinha, a cebolinha, as nozes e o alho.
4. Retire a cevadinha do fogo, escorra e coloque numa vasilha. Acrescente a salsinha, a cebolinha e as nozes picadas com o alho, a canela, o sal, as uvas-passas, o azeite e o limão. Misture bem.
5. Coloque um pouco do recheio de cevadinha na folha e dobre-a: primeiro passe o talo por cima do recheio, no sentido vertical. Em seguida, dobre os lados e enrole o charuto.
6. Forre o fundo de uma panela com algumas folhas de uva. Arrume os charutos dentro da panela. Coloque 1 ou 2 copos de água com 1 colher (sopa) de azeite e leve ao fogo até ferver.
7. Abaixe o fogo e deixe cozinhar por 30 minutos. Verifique de vez em quando para a água não secar. Sirva com o molho de menta.

Caprese de abacate com tomate e molho pesto

vegano - vegetariano - sem glúten

rendimento: 2 a 4 porções / tempo: 10 min. / dificuldade: fácil

No Brasil não temos o costume de consumir abacate na refeição principal; ele está mais relacionado a vitaminas e cremes. Muita gente se assusta com seu alto teor de gordura e deixa de consumi-lo. Porém, nesta receita de salada caprese, o abacate substitui a muçarela de búfala, que é mais gordurosa que ele. O abacate é rico em ácido fólico, que ajuda a prevenir doenças do coração, derrame e a má-formação do feto (atenção, grávidas!), além de conter ácido graxo e ômega-3, que ajudam a reduzir o colesterol e a pressão, previnem ataques cardíacos, aliviam dores nas articulações, combatem rugas e melhoram a memória. Então, não se deixe levar por mitos: coloque um pouco de abacate na dieta e observe os benefícios.

INGREDIENTES

Molho pesto

- ½ maço de manjericão
- ½ maço de alfavaca
- um punhado de sementes de abóbora cruas
- 1 pitada de sal marinho
- gotas de limão (opcional)
- 5 colheres (sopa) de azeite

Salada

- 1 avocado ou abacate
- 1 tomate para salada
- sal a gosto
- 10 folhas de manjericão
- um fio de azeite

MODO DE PREPARO

Molho pesto

1. Coloque todos os ingredientes no processador, exceto o azeite. Processe e acrescente o azeite aos poucos até virar um molho. Não processe muito para não ficar homogêneo, deixe alguns pedacinhos de folha e sementes para dar crocância.

Salada

1. Corte o abacate e o tomate em fatias finas. Tempere com sal.
2. Monte numa tigela fileiras de tomate, pesto, abacate e folhas de manjericão. Finalize com um fio de azeite.

Salada de azedinha

vegano - vegetariano - sem glúten

rendimento: 4 porções / tempo: 10 min. / dificuldade: fácil

A azedinha é uma folha que eu conheci poucos anos atrás nas minhas idas a feiras orgânicas. Depois que a provei não consegui mais parar de criar receitas com ela. Não é à toa que ela tem esse nome, pois é muito azeda, por isso me divirto substituindo o limão pela azedinha crua em diversas receitas. A azedinha é riquíssima em resveratrol, poderoso antioxidante que ajuda a prevenir doenças do coração e é o responsável por dar ao vinho tinto sua boa reputação à saúde do coração.

INGREDIENTES

Molho

- 3 colheres (sopa) de azeite
- 3 colheres (sopa) de limão
- 3 colheres (sopa) de coentro ou salsinha picados
- 2 colheres (sopa) de mel
- uma pitada de sal marinho

Salada

- 1 maço de azedinha
- 1 maço de rúcula
- 1 punhado de amêndoas em lâminas torradas na hora
- 1 pimenta dedo-de-moça
- flores de capuchinha a gosto

MODO DE PREPARO

1. Coloque todos os ingredientes do molho numa tigela e misture vigorosamente. Jogue sobre a azedinha e a rúcula e misture levemente.
2. Acrescente as amêndoas ainda quentes.
3. Pique a pimenta dedo-de-moça e adicione à salada.
4. Para o toque final, acrescente algumas flores de capuchinha e sirva.

Salada de feijão-fradinho

vegano - vegetariano - sem glúten

rendimento: 6 porções / tempo: 25 min. + 4-6 horas do feijão de molho / dificuldade: fácil

Arroz e feijão é a base da alimentação do brasileiro. Infelizmente, esses ingredientes vêm perdendo espaço para os produtos industrializados, provocando o aumento do número de obesos, diabéticos e cardíacos. Originário da África, o feijão-fradinho foi introduzido no Brasil pelos portugueses, sendo rico em ferro, cálcio e ácido fólico, nutriente importante antes e durante a gravidez, para evitar a má-formação do tubo neural no feto. Outras fontes naturais de folato são as folhas verde-escuras, outros tipos de feijão, nozes e farinhas integrais. O cálcio e o ferro ainda podem ajudar a prevenir a anemia e a fortalecer os ossos, tanto nos bebês quanto nas mães.

INGREDIENTES

- 1 xícara (chá) de feijão-fradinho seco, deixado de molho por 4-6 horas
- 3 xícaras (chá) de água
- 1 colher (chá) de sal marinho
- 1 cenoura ralada fina
- ½ maço de coentro picado (opcional)
- ½ maço de salsinha picada
- ½ cebola picada
- suco de 1 limão
- 4 colheres (sopa) de azeite extravirgem
- pimenta-do-reino a gosto

MODO DE PREPARO

1. Cozinhe o feijão com água e sal, na panela de pressão, por 18 minutos. Se não tiver panela de pressão, use uma panela grande e cozinhe por cerca de 35 minutos.
2. Quando o feijão estiver pronto, escorra a água e reserve.
3. Em uma tigela separada, misture a cenoura, o coentro, a salsinha, a cebola, o limão, o azeite e a pimenta. Acrescente ao feijão e está pronto. Pode ser conservado na geladeira por até 3 dias.

Fique longe dos alimentos industrializados o máximo possível. Assim você fará bem a si mesmo e ao planeta. #dicadabela

Salada de funcho com maionese de coentro

vegano - vegetariano - sem glúten

rendimento: 6 porções / tempo: 15 min. / dificuldade: fácil

Nós podemos aprender a gostar de muitos alimentos. Eu, por exemplo, não gostava do sabor da erva-doce, também conhecida como funcho, mas amava a semente de erva-doce. Depois que a culinária entrou na minha vida, fiquei interessada em experimentar de novo o funcho. Comi uma salada de erva-doce num restaurante árabe que nunca vou esquecer e me tornei fã desse alimento. Agora vejo que o funcho, além de ser excelente para a digestão, é uma planta deliciosa. Para incrementar esta salada, resolvi fazer uma maionese de coentro, outra planta que muitos não gostam. Amantes de erva-doce ou não, de coentro ou não, por favor, experimentem este prato e sua opinião irá mudar completamente. Topam o desafio?

INGREDIENTES

Maionese

- 300 g de tofu
- 1 dente de alho pequeno
- 1 colher (chá) de sal
- 4 colheres (sopa) de azeite
- ½ xícara (chá) de coentro (ou salsinha ou manjericão) picado
- ½ limão espremido

Salada

- 1 funcho pequeno fatiado fino
- ½ xícara (chá) de repolho-roxo fatiado fino
- 1 xícara (chá) de cebolinha picada
- ½ xícara (chá) de castanhas-de-caju torradas

MODO DE PREPARO

1. Bata todos os ingredientes da maionese no liquidificador e reserve.
2. Numa tigela grande, misture todos os vegetais da salada e as castanhas.
3. Adicione a maionese de coentro à salada, misture bem e sirva.

Salada prensada de pepino e rabanete

vegano - vegetariano - sem glúten

rendimento: 4 porções / tempo: 50 min. / dificuldade: fácil

Esta salada é uma ótima maneira de mudar o modo de preparo dos alimentos no inverno para a primavera. Durante o inverno, damos preferência a legumes cozidos, uma vez que eles são de mais fácil digestão e ajudam a nos manter aquecidos. Os vegetais crus são mais adequados para climas quentes. Então, prensando a salada, descartamos o excesso de água dos vegetais, que se tornam mais digestivos, crocantes e frescos, mantendo a leveza de uma salada. É sabido que a boa digestão é a chave para uma vida saudável. Comer de acordo com a estação é um conhecimento que vai ajudar e preservar a boa digestão.

INGREDIENTES

- 1 pepino-japonês fatiado em rodelas com o mandolin
- 2 rabanetes fatiados em rodelas com o mandolin
- 1 cenoura ralada na parte mais grossa do ralador
- ¼ de xícara (chá) de salsinha picada
- ½ cebola fatiada em tiras finas
- uma pitada de sal marinho
- poucas gotas de shoyu sem glúten
- 2 colheres (chá) de óleo de gergelim tostado
- 2 colheres (sopa) de vinagre de arroz
- um punhado de salsinha picada
- 1 colher (sopa) de sementes de gergelim preto

MODO DE PREPARO

1. Coloque os legumes numa tigela e tempere com o sal. Mexa bem com as mãos até os vegetais soltarem o líquido. Coloque um prato e um peso em cima da salada, e deixe descansar por 30 minutos.

2. Escorra a água dos vegetais e tempere-os com algumas gotas de shoyu, óleo de gergelim, o vinagre, a salsinha e as sementes de gergelim.

Tabule de quinoa

vegano - vegetariano - sem glúten

rendimento: 4 porções / tempo: 25 min. / dificuldade: média

O tabule é uma salada ultrarrefrescante e nutritiva, de origem árabe. Substituí o trigo pela quinoa, por ser altamente nutritiva e não conter glúten, tornando-se uma deliciosa opção aos alérgicos ao glúten. A quinoa contém todos os aminoácidos essenciais ao funcionamento do organismo (aqueles que o corpo não fabrica e precisamos buscar na alimentação). É uma proteína completa, como as proteínas animais, sendo uma ótima alternativa para os vegetarianos. Além de nutritiva, é muito versátil, podendo ser consumida cozida, quente, fria ou em flocos, em forma de salada, bolinho, risoto etc. Experimente este tabule num belo dia de verão, para se refrescar e se nutrir levemente.

INGREDIENTES

- ½ xícara (chá) de quinoa vermelha
- ½ xícara (chá) de quinoa branca
- sal marinho a gosto
- 1 ramo de hortelã
- 1 cebola pequena
- 1 xícara (chá) de salsinha picada
- 1 tomate picado
- suco de 3 limões
- ⅓ de xícara (chá) de azeite
- pimenta-do-reino a gosto

MODO DE PREPARO

1. Cozinhe a quinoa em água e sal por 18 minutos, em fogo baixo.
2. Corte a hortelã e a cebola em pedaços pequenos.
3. Numa tigela, misture o restante dos ingredientes. Adicione a quinoa, misture bem e sirva.

Pratos principais

Sushi de manga, abacate e pepino

vegano - vegetariano - sem glúten

rendimento: 4 porções / tempo: 1 hora e 20 min. + 4 horas de arroz de molho / dificuldade: elaborada

Um dos pratos de maior popularidade da culinária japonesa é o sushi. Como estamos no Brasil, resolvi dar um toque característico a esta receita substituindo o peixe por manga e abacate. Deu um suingue bem legal, espero que gostem! A culinária do Japão é uma das mais saudáveis que existem, o que se comprova pela longevidade da população. Além disso, o Japão tem um baixo índice de obesidade (3,1% contra 17% no Brasil e 35% nos Estados Unidos), devido à dieta de legumes frescos, arroz e peixe, sem exageros e sem produtos altamente industrializados. A comida afeta todos os aspectos da nossa vida, incluindo envelhecimento, fertilidade, expectativa de vida, estado mental e comportamento.

INGREDIENTES

Sushi

- 2 xícaras (chá) de arroz integral, de molho por 4 horas
- 3 ¾ xícaras (chá) de água
- 1 colher (chá) de sal marinho
- ½ xícara (chá) de mirim (tempero líquido cujas características ficam entre o vinagre de arroz e o saquê)
- 1 manga
- 1 pepino-japonês
- 1 abacate
- alga nori (fácil de encontrar em casas de produtos orientais ou naturais)
- sementes de gergelim, para decorar
- shoyu sem glúten e conserva de gengibre, para servir

Conserva de gengibre

- ½ xícara (chá) de gengibre
- 2 colheres (sopa) de melado
- ½ xícara (chá) de vinagre de arroz
- ¼ de xícara de água

MODO DE PREPARO

Sushi

1. Coloque o arroz com a água e o sal para cozinhar na panela de pressão, por 30 minutos.
2. Retire o arroz ainda quente da panela e adicione o mirim. Misture e cubra com um pano. Deixe descansar por 10 minutos.
3. Descasque a manga, o pepino e o abacate. Em seguida, corte os três na longitudinal.

Montagem

1. Coloque a folha de nori em cima de uma tábua.
2. Molhe as pontas dos dedos com água e espalhe o arroz cozido cobrindo 90% da folha. Deixe dois dedos sem arroz na parte de cima da folha.
3. Arrume os pedaços de manga, pepino e abacate no sentido horizontal e comece a enrolar o sushi.
4. Pressione bem o rolo que se formou. Corte o rolo em cinco fatias de dois dedos de largura.
5. Salpique gergelim para decorar. Sirva com o shoyu e a conserva de gengibre como acompanhamento.

Conserva de gengibre

1. Corte o gengibre em fatias bem finas (este é o truque para deixar o gengibre mais saboroso e menos ardido).
2. Misture todos os ingredientes numa panela. Leve ao fogo e deixe cozinhar por 30 minutos.

Cuscuz de couve-flor com cogumelo

vegano - vegetariano - sem glúten

rendimento: 8 porções / tempo: 20 min. / dificuldade: fácil

Muitas pessoas me perguntam se o cuscuz é um alimento saudável. O cuscuz marroquino é feito de semolina, obtida a partir do grão duro do trigo. O cuscuz não é propriamente um grão como muitos acham, por isso o seu consumo deve ser moderado. Esta receita se assemelha a um cuscuz, porém sua matéria-prima não é o trigo e sim a couve-flor, o que deixa o prato mais leve em carboidratos, menos calórico e mais nutritivo, além de ser uma opção para os alérgicos ao glúten e os que precisam diminuir os carboidratos da dieta.

INGREDIENTES

- 1 maço de couve-flor
- 1 xícara (chá) de salsinha picada
- 1 xícara (chá) de azeitona picada
- 1 colher (sopa) de tomilho fresco
- 1 xícara (chá) de cenoura ralada
- ½ xícara (chá) de sementes de girassol tostadas
- 2 xícaras (chá) de cogumelos-de-paris fatiados
- ½ cebola picada
- 1 dente de alho picado
- um pouco de shoyu sem glúten
- sal marinho
- azeite extravirgem
- óleo de gergelim tostado
- pimenta-do-reino
- brotos de vegetais ou minifolhas verdes, para decorar

MODO DE PREPARO

1. Coloque uma panela com água e sal para ferver.
2. Corte a couve-flor em flores, ponha na água e deixe ferver por 3 minutos. Deixe esfriar e bata no processador até se tornar uma pasta grossa.
3. Passe a couve-flor para uma tigela e acrescente a salsinha, a azeitona, o tomilho, a cenoura e as sementes de girassol. Misture bem.
4. Deixe repousar enquanto refoga os cogumelos com cebola e alho; finalize com um pouco de shoyu.
5. Adicione a couve-flor à panela com os cogumelos. Tempere com sal, azeite, óleo de gergelim tostado e pimenta-do-reino a gosto.
6. Decore com brotos de vegetais ou minifolhas verdes. Sirva quente ou gelado. Pode ser conservado na geladeira por 2 a 3 dias.

Arroz negro com legumes crocantes

vegano - vegetariano - sem glúten

rendimento: 4 porções / tempo: 1 hora / dificuldade: média

Existem muitas variedades de arroz: basmati, cateto, agulhinha, mini, arbóreo, vermelho, negro, integral, branco etc. Entre elas, o arroz negro é o que tem o sabor mais distinto e, para mim, é o mais gostoso. Diz a lenda que o consumo do arroz negro já foi proibido na China, onde somente imperadores podiam desfrutá-lo, por isso a sua produção era pequena e ainda continua muito menor do que a do arroz branco ou integral. Depois de cozido, ele ganha uma cor roxa, devido à antocianina, poderoso antioxidante com ação anti-inflamatória. Tenho certeza de que você não vai se arrepender de experimentar esta receita, que é uma explosão de sabor. Ela vai tornar o arroz do dia a dia muito mais interessante.

INGREDIENTES

- ½ cebola picada
- 2 colheres (sopa) de óleo de coco
- 1 xícara (chá) de arroz negro
- 4-5 xícaras (chá) de água
- sal a gosto
- 1 colher (sopa) de cúrcuma picada
- 1 colher (chá) de curry em pó
- 1 rabanete cortado em cubinhos
- ½ cenoura cortada em cubinhos
- ½ pepino cortado em cubinhos
- 1 xícara (chá) de bardana cortada em cubinhos (opcional)
- ½ xícara (chá) de salsinha picada

MODO DE PREPARO

1. Refogue a cebola em 1 colher (sopa) de óleo de coco até dourar. Acrescente o arroz e misture.
2. Adicione a água e, quando ferver, tempere com sal. Abaixe o fogo, tampe a panela e deixe cozinhar por 45 minutos.
3. Em outra panela, refogue a cúrcuma e o curry em 1 colher (sopa) de óleo de coco e adicione os legumes até ficarem al dente. Misture os legumes com o arroz e sirva com a salsinha picada por cima.

Vitalidade, disposição e energia são consequências de uma digestão eficiente, que começa na boa mastigação. #dicadabela

Risoto ao funghi

vegano* - vegetariano - sem glúten

rendimento: 3 porções / tempo: 50 min. + 6 horas do funghi de molho / dificuldade: fácil

Não há prato mais romântico e que caia melhor num jantar à luz de velas! Muitos costumam fazer este risoto com colheradas de manteiga, punhados de parmesão e até creme de leite. Como o leite pode prejudicar a saúde devido ao teor de gordura e à quantidade de cálcio maior do que o absorvível, que pode formar placas nas artérias, colocando em risco a saúde do coração, resolvi fazer um risoto sem queijo ou leite, com ghee e biomassa de banana verde, que, além de dar a consistência perfeita ao risoto, ajuda a absorver lentamente as gorduras e açúcares do sangue. Bom apetite para dois corações apaixonados!

INGREDIENTES

- 50 g de funghi seco preto
- 3 dentes de alho picados
- 2 colheres (sobremesa) de ghee ou azeite
- 1 xícara (chá) de arroz integral cateto
- 2 xícaras (chá) de água
- sal marinho
- ½ cebola picada
- 1 colher (sopa) de alecrim
- ¼ de xícara (chá) de vinho branco
- sal e pimenta-do-reino a gosto
- 2 colheres (sopa) de biomassa de banana verde (veja p. 169)
- água do molho dos funghi
- 2 colheres (sopa) de cebolinha picada

*Se usar azeite.

MODO DE PREPARO

1. Deixe os funghi de molho por 6 horas, trocando a água até três vezes.
2. Refogue o alho com 1 colher (sobremesa) de ghee, até dourar. Acrescente o arroz e a água. Deixe ferver, adicione o sal, abaixe o fogo e tampe. Cozinhe por 30 minutos.
3. Em outra panela, refogue a cebola com 1 colher (sobremesa) de ghee e deixe dourar. Adicione o funghi, o alecrim e o vinho e cozinhe por 3 a 5 minutos. Tempere com sal e pimenta-do-reino.
4. No liquidificador, bata a biomassa com 1 xícara (chá) da água dos funghi que ficou de molho.
5. Quando o arroz estiver pronto, misture-o com os funghi e, em fogo baixo, acrescente a biomassa ao risoto. Misture bem e deixe cozinhar até formar a consistência de risoto. Para servir, acrescente a cebolinha e acerte o ponto do sal e da pimenta-do-reino.

COENTRO
2.00

ESCARO
2,00

Risoto de couve-flor com alho-poró

vegano - vegetariano - sem glúten

rendimento: 4 porções / tempo: 50 min. / dificuldade: fácil

O modo de preparo deste prato não se assemelha ao de um risoto tradicional, porém o seu ponto final, com o arroz perfeitamente cozido, a cremosidade da couve-flor e o toque do azeite e do alho-poró competem com qualquer bom risoto. Por isso resolvi chamar este prato leve e saudável de risoto de couve-flor com alho-poró. A couve-flor é muito estudada pelos cientistas devido à sua propriedade anticancerígena e ao teor de sulforafano. O alho-poró é rico em luteína e zeaxantina, antioxidantes naturais relacionados à prevenção da catarata e à degeneração macular. Ou seja, além de saborear uma deliciosa refeição, você faz bem à sua visão.

INGREDIENTES

- 1 xícara (chá) de arroz integral cateto
- 3 colheres (sopa) de azeite de oliva
- 4 xícaras (chá) de água
- sal marinho a gosto
- 1 maço de couve-flor
- 1 alho-poró pequeno

MODO DE PREPARO

1. Numa panela pequena, refoge o arroz no azeite. Acrescente 2 xícaras (chá) de água e sal marinho. Cozinhe o arroz por 35 minutos.
2. Corte e lave a couve-flor. Coloque-a para ferver com 2 xícaras (chá) de água por 10 minutos, ou até que fique bem macia. Acrescente um pouco de sal.
3. Bata a couve-flor cozida no liquidificador com a água do cozimento e reserve.
4. Lave o alho-poró e corte-o em pequenos pedaços. Na mesma panela da couve-flor, refogue o alho-poró no azeite por 2 minutos e adicione ao creme de couve-flor.
5. Misture o arroz ao creme de couve-flor e sirva com um fio de azeite.

A mastigação prolongada não abre espaço pra gula. #dicadabela

Empadão de palmito com massa de grão-de-bico

vegetariano - sem glúten

rendimento: 4 porções / tempo: 2 horas / dificuldade: média

O empadão é típico do almoço de domingo da família brasileira, assim como o estrogonofe, a lasanha, o picadinho com farofa, a carne assada com batata ou aquela bela macarronada da vovó. São pratos que enchem os olhos, mas muitas vezes são desequilibrados do ponto de vista nutricional, com muita gordura, carne, queijo, farinha branca e quase nada de vegetais. Este empadão de palmito é feito com massa de grão-de-bico e recheio de vegetais. O grão-de-bico é rico em vitaminas do complexo B, em especial o ácido fólico, importante para o sistema nervoso e boa fonte de proteína, tornando esta receita mais proteica do que se fosse feita de farinha de trigo.

INGREDIENTES

Recheio

- ½ cebola picada
- 3 colheres (sopa) de azeite
- 2 xícaras (chá) de palmito-pupunha picado em cubinhos
- 1 xícara (chá) de vagem cortada fina
- 1 xícara (chá) de cenoura cortada em cubinhos
- 1 colher (sobremesa) rasa de araruta
- 1 xícara (chá) de água
- 1 colher (sobremesa) de orégano
- ½ xícara (chá) de azeitona preta sem caroço

Massa

- 1 xícara (chá) de grão-de-bico cozido na água e sal
- 1 colher (sopa) de ghee
- 1 colher (chá) de sal
- ½ colher (chá) de cúrcuma
- ¼ de xícara (chá) de água gelada
- ¾ de xícara (chá) de farinha de arroz

MODO DE PREPARO

Recheio

1. Refogue a cebola com o azeite numa panela média.
2. Acrescente o palmito, a vagem e a cenoura e acrescente um pouquinho de água até ficar al dente.
3. Dilua a araruta na água e adicione aos vegetais, mexendo, em fogo médio, até ficar bem transparente e espesso.
4. Acrescente o orégano e a azeitona, misture e desligue o fogo. Deixe o recheio esfriar enquanto faz a massa.

Massa

1. No processador, coloque o grão--de-bico cozido, o ghee, o sal e a cúrcuma e processe para misturar.
2. Adicione a água e a farinha aos poucos e processe até virar uma massa bem empelotada.
3. Forre os potinhos de porcelana com a massa, recheie e cubra com mais massa. Leve ao forno por 30 minutos, a 180 °C.

Camarão seco com repolho

sem glúten

rendimento: 6 a 8 porções / tempo: 30 min. + 12 horas do camarão de molho / dificuldade: média

Os frutos do mar são temidos por algumas pessoas por causarem alergias graves e por serem ricos em colesterol. Muitos podem aumentar os níveis de inflamação no corpo, em especial o camarão, que, por outro lado, contém bons índices de magnésio, fósforo e cobre. O mais importante é prestar atenção na quantidade e na frequência com que consumimos cada alimento e perceber a nossa reação a eles, de modo que possamos saber se um alimento faz bem pra gente ou não. Como eu gosto bastante de camarão seco, que tem um sabor superacentuado, decidi fazer esta receita de camarão seco com repolho, para dar mais sabor, na medida certa.

INGREDIENTES

- ¼ de xícara (chá) de camarão seco sem cabeça e sem rabo, de molho por 12 horas, trocando a água para retirar o excesso de sal
- ¼ de xícara (chá) de leite de coco
- ½ cebola + um pouco para gratinar
- 3 dentes de alho
- ¼ de repolho-branco
- 1 colher (sopa) de azeite de dendê
- sal marinho (se necessário)
- ½ maço de coentro picado
- 3 ovos

MODO DE PREPARO

1. Bata o camarão seco com o leite de coco no liquidificador.
2. Pique bem a cebola e o alho e corte o repolho em fatias finas.
3. Refogue a cebola, o alho e o repolho no azeite de dendê por 2 minutos. Se necessário, acrescente sal.
4. Adicione ao refogado o camarão batido com o leite de coco. Refogue até secar. Acrescente o coentro, desligue o fogo e deixe esfriar.
5. Bata os ovos inteiros e acrescente ao refogado. Misture bem e passe para um refratário.
6. Corte um pouco de cebola em tiras finas, coloque por cima, e leve ao forno preaquecido a 220 °C, por 15 minutos, para gratinar.

A quantidade altera a qualidade dos alimentos. A diferença entre o remédio e o veneno está na dose. #dicadabela

8,00

Moqueca de banana-da-terra

vegano - vegetariano - sem glúten

rendimento: 8 porções / tempo: 30 min. / dificuldade: média

Apesar de ter sido criada no Rio, nasci em Salvador e passava todas as férias na Bahia. Uma das melhores lembranças das férias eram as saídas para comer acarajé e tomar sorvete de tapioca na sorveteria tradicional da Ribeira. A culinária baiana que se difundiu pelo Brasil e pelo mundo é a do Recôncavo Baiano, que teve enorme influência africana. Temperado com azeite de dendê, leite de coco, gengibre, pimenta e camarão seco, um prato que representa bem essa culinária é a moqueca. Tradicionalmente feita com peixe e frutos do mar, criei uma versão vegetariana com banana-da-terra. O meu pai, que é baiano, apaixonado pela culinária soteropolitana, amou. Espero que vocês também gostem.

INGREDIENTES

- 4 bananas-da-terra maduras
- 2 limões
- sal a gosto
- 2 dentes de alho
- 1 cebola picada + 1 cebola em rodelas
- 2 tomates picados + 1 tomate em rodelas
- ¼ de xícara (chá) de pimentão em rodela (opcional)
- 3 colheres (sopa) de azeite de oliva
- coentro a gosto
- 1 xícara (chá) de leite de coco
- pimenta (opcional)
- 2 colheres (sopa) de azeite de dendê

MODO DE PREPARO

1. Acenda o fogo para esquentar a panela de barro.
2. Corte as bananas ao meio e em tiras compridas, tempere com o suco de 1 limão, sal e alho.
3. Refogue a cebola e os tomates picados e o pimentão no azeite de oliva, com uma pitada de sal.
4. Adicione as bananas-da-terra (enfileirando-as na panela como se fossem postas de peixe).
5. Acrescente a cebola e o tomate em rodelas, o coentro e o leite de coco. Tempere com pimenta, se quiser. Deixe ferver por 10 minutos com a panela tampada e finalize com o azeite de dendê.

Estrogonofe de cogumelos

vegano - vegetariano - sem glúten

rendimento: 8 porções / tempo: 30 min. / dificuldade: fácil

O estrogonofe é um prato querido pelos brasileiros que oferece algumas possibilidades de troca de ingredientes benéficas à saúde. Substituí o catchup e o creme de leite por molho de cenoura e beterraba e biomassa de banana verde e a carne por cogumelos-de-paris, que contém pouquíssima gordura. O consumo excessivo de carne vermelha está relacionado com o aumento no índice de doenças do coração, câncer e diabetes, por isso devemos evitá-la no dia a dia. Esta receita é uma boa pedida para continuar a comer estrogonofe toda semana, sem os excesso de leite, carne e produtos industrializados.

INGREDIENTES

- biomassa de 2 bananas-verdes (veja p. 169)
- 1 receita de molho vermelho (veja p. 167)
- 1 cebola média picada em cubinhos
- 5 dentes de alho picados
- 4 colheres (sopa) de azeite
- 150 g de palmito-pupunha fresco picado e previamente cozido por 10 minutos
- 300 g de cogumelos-de-paris laminados
- 300 g de cogumelos shitake laminados
- 4 pitadas de sal marinho
- suco de ½ limão

MODO DE PREPARO

1. No liquidificador, bata a biomassa com o molho de tomate até que fique homogêneo.

2. Em uma panela média, refogue a cebola e o alho no azeite. Acrescente o palmito e deixe cozinhar por 10 minutos.

3. Adicione os cogumelos e deixe cozinhar por mais 5 minutos. Junte o molho e deixe ferver. Tempere com sal e limão e sirva.

Feijão-azuki com abóbora

vegano - vegetariano - sem glúten

rendimento: 4 porções / tempo: 1 hora + 6 horas do feijão de molho / dificuldade: fácil

A combinação de feijão-azuki com abóbora hokkaido é típica da culinária macrobiótica. São dois alimentos com propriedades levemente diuréticas; com a adição da alga kombu, o prato fica ainda mais nutritivo, elevando o nível de iodo, cálcio e magnésio. A alga kombu também é rica em fucoidano, polissacarídeo reconhecido por fortalecer o sistema imunológico e ajudar a combater infecções, aumentando o número de células brancas no sangue. Comparado a outros tipos de feijão, o azuki é mais leve e fácil de digerir; ao cozinhar o feijão com a alga, também se reduz a formação de gases intestinais. Varie a quantidade de água para obter um prato mais ou menos cremoso, ou use menos água caso queira uma consistência mais seca, como a de um tutu de feijão. Este prato é ótimo para introduzir o feijão na dieta dos bebês.

INGREDIENTES

- 1 pedaço (quadrado) de 2 cm de alga kombu
- 1 xícara (chá) de feijão-azuki deixado de molho por 6 horas
- 4 xícaras (chá) de água
- ½ colher (chá) de sal marinho
- 1 xícara (chá) de abóbora hokkaido cortada em cubos grandes
- salsinha picada a gosto

MODO DE PREPARO

1. Coloque a alga numa panela média.
2. Escorra o feijão que ficou de molho e coloque-o na panela com a alga. Cubra com 2 xícaras (chá) de água fresca. Se necessário, adicione mais água – apenas o suficiente para cobrir o feijão.
3. Deixe cozinhar em fogo médio, até ferver. Quando ferver, tampe a panela, coloque o sal e reduza o fogo, deixando cozinhar por meia hora. Adicione um pouco de água, de vez em quando, conforme necessário, para manter os grãos apenas cobertos.
4. Depois de meia hora, acrescente a abóbora à panela, tampe e continue cozinhando por mais 30 minutos. Quando estiver pronto, misture a salsinha e sirva.

Mantenha o PH do sangue alcalino com uma alimentação baseada em vegetais.
#dicadabela

Macarrão de abobrinha e cenoura com cogumelo

vegano - vegetariano - sem glúten

rendimento: 4 porções / tempo: 25 min. / dificuldade: fácil

Nós, brasileiros, adoramos massa, por causa da grande influência italiana que tivemos. Na casa da minha avó, domingo era dia de macarronada e pizza. A Páscoa era celebrada com capeletti al brodo e o Natal, com as massas doces de pastel que ela preparava com todo o amor. É difícil conhecer quem não goste de pão e massa. Então, para quem precisa reduzir o consumo de carboidrato ou eliminar os farináceos, esta é uma receita perfeita, pois não leva farinha, mas o sabor, a textura e a aparência satisfazem até os mais fanáticos por massa!

INGREDIENTES

- 1 cenoura
- 2 abobrinhas grandes (ou pesando 300 g)
- 250 g de cogumelos-de-paris
- 5 dentes de alho
- 2 colheres (sopa) de azeite de oliva
- sal marinho
- 1 colher (sopa) de azeite trufado (opcional)

MODO DE PREPARO

1. Corte a cenoura e as abobrinhas usando um cortador de legumes.
2. Corte os cogumelos e refogue no alho e azeite de oliva por 5 minutos.
3. Adicione os legumes, o sal e refogue por mais 5 minutos. Finalize com fios de azeite trufado.

Nhoque de inhame ao pesto

vegano - vegetariano - sem glúten

rendimento: 4 porções / tempo: 1 hora e 40 min. / dificuldade: média

Sou fã do inhame e de seus benefícios à saúde. O inhame ajuda a limpar as toxinas do sangue, é rico em vitaminas do complexo B, carboidratos complexos e é um excelente repelente natural. Se consumirmos inhame de três a quatro vezes por semana, estaremos mais protegidos dos mosquitos. Esta receita é mais uma maneira de consumir inhame, comer massa sem glúten e se nutrir com muito sabor.

INGREDIENTES

Nhoque

- 250 g de inhame (2 grandes)
- ½ colher (chá) de sal marinho
- 1 colher (sopa) de azeite de oliva
- ½ xícara (chá) + 1 colher (sopa) de farinha de arroz

Molho pesto

- 1 maço de manjericão
- ½ maço de salsinha
- 1 dente de alho
- ½ xícara (chá) de nozes
- 1 colher (chá) de sal marinho
- ⅓ de xícara (chá) de azeite de oliva

MODO DE PREPARO

Nhoque

1. Preaqueça o forno a 200 °C.
2. Faça furos com um garfo ou faca nos inhames, sem descascá-los, coloque-os numa assadeira para assar por 1 hora.
3. Descasque os inhames e coloque numa bacia com o sal e o azeite. Amasse bem.
4. Adicione a farinha de arroz aos poucos, até formar uma massa consistente. Coloque uma pitada de sal.
5. Separe a massa em pequenas porções e abra-a em forma de nhoque.
6. Coloque uma panela no fogo com água, sal e um fio de azeite e deixe ferver. Adicione os nhoques e retire assim que emergirem.

Molho pesto

1. Coloque as folhas, o alho, as nozes e o sal no processador e triture bem. Acrescente o azeite aos poucos, até virar uma pasta. Pode servir com massa integral, pão ou bolachas.

Montagem

1. Numa frigideira, aqueça o molho pesto com um pouco de água (ou leite de amêndoas). Adicione o nhoque e misture bem. Sirva.

Padthai

vegano - vegetariano - sem glúten

rendimento: 6 porções / tempo: 1 hora e 30 min. / dificuldade: média

Típico da Tailândia, o padthai é feito com macarrão de arroz, vegetais, frutos do mar, amendoim e especiarias. É um dos pratos mais famosos da culinária tailandesa, muito apreciado por seu intenso sabor: picante, azedo, salgado e doce. As proteínas variam entre camarão e carne; nesta receita, resolvi colocar tofu e broto de feijão (moyashi). Pessoas que não digerem bem feijão costumam se dar bem com as sementes germinadas. Compre os brotos firmes e sem nenhum tipo de coloração. Gosto de trocar o macarrão de arroz pelo de trigo-sarraceno, que, além de saboroso, é rico em ferro, fósforo, magnésio e vitaminas B.

INGREDIENTES

Molho

- 2 colheres (sopa) de tahine
- 1 colher (sopa) de shoyu
- 2 colheres (sopa) de melado
- 1 colher (sopa) de missô (pasta de soja fermentada)
- ¼ de xícara (chá) de água
- Suco de 1 limão grande

Tofu

- ½ cebola
- 2 dentes de alho
- 1 maço de brócolis
- 2 colheres (sopa) de óleo de gergelim cru
- 200 g de tofu
- 1 colher (sopa) de shoyu sem glúten
- 100 g de broto de feijão
- ½ xícara (chá) de coentro picado
- uma pitada de sal marinho
- 1 pacote de macarrão sobá (macarrão de trigo-sarraceno)
- 3 colheres (sopa) de amendoim sem sal torrado

MODO DE PREPARO

Molho

1. Coloque no liquidificador o tahine, o shoyu, o melado, o missô, a água e o suco de limão. Bata no liquidificador por aproximadamente 2 minutos.

Tofu

1. Em uma panela, refogue a cebola, o alho e o brócolis com óleo de gergelim e deixe cozinhar por 5 minutos. Reserve.
2. Corte o tofu em cubinhos de aproximadamente um dedo de espessura. Seque-o com papel-toalha ou um pano e doure-o no óleo de gergelim por cerca de 5 minutos. Tempere com o shoyu.
3. Adicione ao brócolis o broto de feijão, o coentro e uma pitada de sal.
4. Em outra panela, cozinhe o macarrão em água e sal por cerca de 10 minutos. Escorra o macarrão e acrescente-o à panela com os vegetais.
5. Adicione o tofu e o molho e misture tudo. Finalize com o amendoim torrado.

Sobremesas & doces

Picolé de frutas e água de coco

vegano - vegetariano - sem glúten

tempo: 10 min. + 4 horas para congelar / dificuldade: fácil

Qual é a criança que não gosta de um picolé na praia? Mas não precisamos nos render aos picolés cheios de conservantes, açúcar e corantes, podemos fazer um bem saudável em casa. Só precisamos de forminha de picolé, frutas, água de coco e criatividade. Você pode usar a água de coco para fazer a base e colocar a fruta em pedacinhos, o que fica lindo; ou bater a água de coco com a fruta fresca ou a polpa. Vale picolé de manga, morango, abacaxi, limão, uva, açaí, coco, carambola, umbu, cajá, seriguela, pitanga, amora, mirtilo, fruta do conde, tangerina, laranja, pera, maçã, banana, maracujá, kiwi, pitomba... O meu predileto é coco batido com água de coco. Hum...

INGREDIENTES

- água de coco
- frutas em rodelas: morango, kiwi (escolha as frutas de sua preferência)

MODO DE PREPARO

1. Coloque a água de coco com as frutas em rodelas numa fôrma de picolé e leve ao congelador até endurecer, por cerca de 4 horas.

JÚLIA
FLOR
JOSÉ
JP
BELA
SERGIO

Sorvete de frutas congeladas

vegano - vegetariano - sem glúten

rendimento: 2 porções / tempo: 5 min. + 8-12 horas para congelar / dificuldade: fácil

Acho que em todo o tempo do programa *Bela Cozinha* não fiz uma receita tão prática quanto esta. Este sorvete leva simplesmente dois ingredientes: banana e morango. Uso a banana congelada para dar cremosidade ao sorvete. A banana pode ser usada como base para qualquer sabor de sorvete; se não quiser usar banana, pode substituí-la por abacate. As crianças amam este sorvete e os pais mais ainda, por saber que os filhos estão comendo frutas puras sem corante, conservante, gordura trans, açúcar adicionado... nada do tipo. Também é uma ótima forma de aproveitar as frutas que estão passando do ponto na fruteira. É só pegá-las, lavar, cortar e congelar!

INGREDIENTES

- 2 bananas-d'água bem maduras
- 12 morangos frescos

MODO DE PREPARO

1. Coloque as bananas e os morangos no congelador. O ideal seria deixar de um dia para o outro.

2. Depois de congeladas, bata as frutas no liquidificador ou no processador de alimentos até virar um sorbet (o irmão do sorvete, feito à base de frutas, sem leite ou creme de leite).

3. Sirva imediatamente.

Um alimento pode nos trazer saúde ou doença. #dicadabela

Musse gelada de açaí com banana

vegano - vegetariano - sem glúten

rendimento: 6 porções / tempo: 10 min. + 6 horas da castanha de molho + 1 hora para congelar / dificuldade: fácil

O açaí é um alimento típico do Norte, onde é consumido há muitos anos puro, acompanhando peixe com farinha ou flocos de tapioca. Já no Sudeste, o açaí ficou conhecido como alimento de atletas, jiu-jiteiros e surfistas, e aos poucos foi ganhando mais fãs e espaço na culinária local. O açaí dos cariocas é superdoce; costuma ser batido com xarope de guaraná e banana, e servido com granola. Eu prefiro o açaí mais puro, porém criei esta receita para mostrar que podemos saboreá-lo como sobremesa, sem exagerar no açúcar. O açaí é uma fruta riquíssima em antioxidantes e não vale a pena desperdiçar seus benefícios e seu sabor especial entupindo-o de açúcar.

INGREDIENTES

- 2 xícaras (chá) de castanhas-de-caju cruas, deixadas de molho por 6 horas
- 200 g de açaí congelado
- 1 banana-d'água madura
- ¼ de xícara (chá) de óleo de coco
- 1-2 colheres (sopa) de melado de cana
- 1 colher (sopa) de maca peruana (tipo de raiz) em pó

MODO DE PREPARO

1. Adicione todos os ingredientes no liquidificador e bata até ficar cremoso e suave.
2. Divida em taças individuais e deixe no congelador por 1 hora.
3. Transfira para a geladeira, até atingir uma consistência cremosa.
4. Decoração opcional: cubra com coco ralado, nozes trituradas, goji berry, nibs de cacau etc.

Me alimento bem para viver bem e não só para viver mais. #dicadabela

Salada de frutas ao forno com creme de castanha e limão

vegano - vegetariano - sem glúten

rendimento: 6 porções / tempo: 50 min. + 4 horas da castanha de molho / dificuldade: fácil

Como as frutas são alimentos de energia fria, que ajudam a resfriar o corpo, seu consumo excessivo no inverno pode provocar coriza, maior sensação de frio ou deixar o corpo mais vulnerável a gripes e resfriados. Para não deixar de saborear as frutas no inverno, podemos torná-las mais quentes, como nesta receita, acompanhadas de um delicioso creme de castanha-de-caju, limão e melado. Esta salada de frutas pode ser servida na sobremesa, no lanche ou no café da manhã. Pode ser conservada na geladeira e se tornar uma incrível compota de frutas. Para os amantes de doces que não consideram a fruta como sobremesa, lanço o desafio de provar este prato! A sua impressão sobre as frutas pode mudar para sempre.

INGREDIENTES

Salada de frutas

- 3 bananas-d'água bem maduras
- 2 maçãs
- 2 peras
- 1 manga
- 1 xícara (chá) de morangos
- 1 colher (chá) de canela

Creme

- 1 xícara (chá) de castanhas-de-caju cruas, de molho por 4 horas
- 2 colheres (sopa) de melado de cana
- Suco de 1 limão

MODO DE PREPARO

Salada de frutas

1. Corte todas as frutas em pedaços pequenos. Misture tudo em uma tigela. Transfira para uma assadeira e polvilhe com canela por cima. Cubra com papel-alumínio.

2. Leve ao forno a 180 °C e asse por cerca de 30 minutos. Pode tirar o papel-alumínio no final e deixar dourar por mais 5 minutos.

Creme

1. Escorra a água das castanhas.

2. Coloque as castanhas, o melado e o suco do limão no liquidificador. Acrescente um pouco de água, se precisar.

3. Arrume a salada de frutas em uma travessa e sirva com o creme de castanha-de-caju, decorado com raspas de limão.

Torta de amora

vegano - vegetariano - sem glúten

rendimento: 6 porções / tempo: 30 min. / dificuldade: média

Eu gosto de falar da importância de inserir as crianças no preparo das refeições para incentivar o consumo de alimentos frescos e saudáveis. Porém, muitos pais têm receio de levar as crianças para a cozinha. Esta torta de amora superprática é um excelente convite às crianças para se aventurarem no universo culinário. Misturar a massa, enformar, amassar as amoras, observar a gelificação da chia são ações que despertam o interesse das crianças pelos alimentos. E, depois de 30 minutos, você tem uma bela torta de amora riquíssima em nutrientes necessários para o desenvolvimento cerebral infantil, como os polifenóis das amoras e o ômega-3 da chia.

INGREDIENTES

Massa

- ½ xícara (chá) de melado de cana
- 1 xícara (chá) de azeite de oliva ou óleo de coco (ou ½ xícara [chá] de azeite de oliva + ½ xícara [chá] de óleo de coco, para suavizar o sabor)
- 1 colher (chá) de essência de baunilha
- 2 colheres (sopa) de sementes de linhaça trituradas
- 3 xícaras (chá) de aveia sem glúten
- sal marinho a gosto

Recheio

- 1 xícara (chá) de amoras frescas
- 2 colheres (sopa) de chia
- 1 colher (sopa) de melado
- gotas de limão

MODO DE PREPARO

Massa

1. Em uma tigela média, misture o melado, o azeite, a essência de baunilha e a linhaça com uma espátula.

2. Triture a aveia até formar uma farinha e adicione à tigela. Junte o sal. Misture até formar a massa. Deixe descansar enquanto prepara o recheio.

Recheio

1. Coloque as amoras, a chia, o melado e o suco de limão em uma tigela e amasse--os com um garfo. A mistura deve ser consistente. Deixe descansar por cerca de 20 minutos.

Montagem

1. Enforme a massa numa assadeira, adicione o recheio e leve ao forno por 15 minutos, ou até dourar a borda da massa.

Torta gelada de frutas vermelhas

vegano - vegetariano - sem glúten

rendimento: 8 porções / tempo: 20 min. + 4-6 horas da castanha de molho / dificuldade: fácil

Para ter boa memória, precisamos alimentar bem o cérebro. Sabemos que, ao produzir energia, as células geram radicais livres, que podem causar grandes danos às próprias células, por isso existem os antioxidantes para varrê-los do nosso corpo. Porém, dependendo do estilo de vida, da qualidade da alimentação e do ar, a produção de radicais livres pode ser maior que a de antioxidantes. E, como o cérebro gasta muita energia, a produção de radicais livres nessa área é grande. Esta torta de frutas vermelhas pode ser uma doce e deliciosa maneira de saborear as frutas e seus antioxidantes, que ajudam a manter o cérebro jovem, evitando inflamações cerebrais e morte celular no cérebro.

INGREDIENTES

Massa

- 1 xícara (chá) de fubá
- 1 ½ xícara (chá) de aveia em flocos (ou farinha de aveia)
- uma pitada de sal marinho
- ¼ de xícara (chá) de óleo de coco
- ¼ de xícara (chá) de melado de cana

Recheio

- ¾ de xícara (chá) de castanhas-de-caju (ou pará) de molho por 4-6 horas (ou biomassa de banana verde)
- suco de 2 limões
- ⅓ de xícara (chá) de óleo de coco
- ⅓ de xícara (chá) de mel orgânico ou melado de cana
- 1 xícara (chá) de frutas vermelhas frescas (framboesa, morango e amora)

MODO DE PREPARO

Massa

1. Preaqueça o forno a 180 °C.
2. Bata o fubá, a aveia e o sal no processador até obter uma farinha fina.
3. Numa tigela pequena, misture o óleo e o melado.
4. Adicione o óleo e o melado à farinha e misture bem até formar uma massa com consistência de massa de cookie.
5. Espalhe numa assadeira de torta de 23 cm de diâmetro e leve ao forno para assar, por 15 minutos.

Recheio

1. Enquanto a massa esfria, prepare o recheio. Escorra a água do molho das castanhas e leve todos os ingredientes ao processador. Bata até ficar homogêneo.
2. Recheie a torta com a massa já fria e leve à geladeira para endurecer.

Sirva gelada.

Bolo de banana com abacaxi

vegano - vegetariano - sem glúten

rendimento: 12 porções / tempo: 50 min. / dificuldade: fácil

Quando falamos de comida integral, na maioria das vezes estamos nos referindo a cereais integrais, como arroz integral, farinha integral etc. Mas o verdadeiro significado da comida integral vai além dos grãos. Comer integralmente é comer o alimento por inteiro: frutas e legumes com casca, sementes e grãos inteiros, sem ser refinados; é aproveitar tudo o que o alimento tem a oferecer, sem desperdício! Então, vamos usar cascas de frutas para fazer compotas e chás, talos de legumes em caldos, bagaço do leite de amêndoas na massa de biscoitos e tortas. Nesta receita, usamos a banana com casca para fazer a massa e, com a casca do abacaxi usado no bolo, pode-se fazer um delicioso chá, naturalmente doce e diurético.

INGREDIENTES

- 1 xícara (chá) de açúcar mascavo
- 6 colheres (chá) de linhaça hidratada por 10 minutos em ¼ de xícara (chá) de água, até se tornar um gel
- uma pitada de sal
- 3 bananas-d'água com casca
- 1 colher (chá) de canela em pó
- ¾ de xícara (chá) de óleo de coco
- 1 xícara (chá) de aveia integral
- 1 xícara (chá) de farinha de arroz
- 1 colher (chá) de fermento
- ½ abacaxi em rodelas finas sem casca

MODO DE PREPARO

1. Preaqueça o forno a 180 °C.
2. No liquidificador, bata o açúcar mascavo, a linhaça hidratada, o sal, as bananas com casca, a canela e o óleo de coco.
3. Em uma tigela, adicione à mistura de banana batida os ingredientes secos e misture.
4. Em uma assadeira redonda, faça uma camada com as rodelas de abacaxi e coloque a massa por cima. Leve ao forno por 30 minutos.

Cozinhar é um grito de liberdade em relação à indústria alimentícia e farmacêutica.
#dicadabela

Cookie com farinha de jatobá e castanha-de-baru

vegano - vegetariano - sem glúten

rendimento: 10 porções / tempo: 30 min. / dificuldade: fácil

Assim que voltei a morar no Brasil, resolvi aprofundar meus conhecimentos sobre os ingredientes brasileiros e conheci o jatobá e a castanha-de-baru – alimentos importantes da biodiversidade e cultura brasileira. Muito valorizado pelos índios, o jatobá é uma árvore do Cerrado que tem sofrido um acelerado processo de fragmentação, devido à expansão urbana, agropecuária e de criação de gado. A farinha de jatobá é rica em cálcio, potássio e proteína. A castanha-de-baru foi outra descoberta incrível! Típica do Cerrado, tem um sabor gostoso, que lembra um pouco o do amendoim. A combinação da farinha de jatobá com a castanha-de-baru torna este cookie mais saboroso, nutritivo e sustentável.

INGREDIENTES

- ¼ de xícara (chá) de farinha de jatobá
- ¼ de xícara (chá) de farinha de castanhas-de-baru (ou qualquer outra castanha)
- 1 xícara (chá) de farinha de aveia
- ⅓ de xícara (chá) de açúcar mascavo
- ⅓ de xícara (chá) de óleo de coco
- 3 colheres (sopa) de coco ralado
- ¼ de xícara (chá) de leite de amêndoas (veja p. 168)

MODO DE PREPARO

1. Misture todos os ingredientes numa tigela. Modele os cookies e leve ao forno para assar, por 20 minutos, a 200 °C.

Bolacha de arroz com cobertura de chocolate

vegano* - vegetariano - sem glúten

rendimento: 8 porções / tempo: 20 min. / dificuldade: fácil

Uma receita simples, rápida e deliciosa que enche os olhos das crianças. Estes biscoitinhos estão sempre presentes nas festinhas de aniversário da minha filha Flor, e em muitos jantares que dou em casa, pois tanto as crianças quanto os adultos adoram se lambuzar com eles. Costumo fazer a cobertura com chocolate amargo e amêndoas, mas você pode usar a sua criatividade para variar o sabor. É possível fazer excelentes coberturas com alfarroba, pasta de amendoim, coco ou castanhas, frutas e sementes de girassol, abóbora ou gergelim. Estas bolachas também podem ser usadas em canapés ou no café da manhã, com pasta de azeitona, tofu, sardinha, homus. Espero que se deliciem com elas!

INGREDIENTES

- 1 colher (sopa) de ghee (ou óleo de coco)
- 1 xícara (chá) de chocolate com 70% de cacau em pedaços
- ½ xícara (chá) de alfarroba
- 8 bolachas de arroz
- 1 xícara (chá) de amêndoas (ou nozes ou avelãs) tostadas e picadas

MODO DE PREPARO

1. Coloque o ghee em uma panela média e aqueça em fogo médio.
2. Adicione os pedaços de chocolate e a alfarroba; abaixe o fogo e deixe derreter, sem mexer, por cerca de 2 minutos.
3. Mexa então o chocolate com uma colher de pau, até ficar bem homogêneo.
4. Mergulhe uma face do biscoito de arroz no chocolate, com a ajuda de um pegador ou um garfo.
5. Arrume as bolachas de arroz num tabuleiro, com a cobertura de chocolate virada para cima. Acrescente as amêndoas picadas, para decorar.
6. Leve à geladeira para endurecer.

*Se usar óleo de coco.

Café da manhã & lanche

Granola caseira

vegano - vegetariano - sem glúten

rendimento: 15 porções / tempo: 50 min. / dificuldade: fácil

A granola está relacionada a uma alimentação consciente, porém muitas granolas comercializadas são bastante açucaradas e, às vezes, contêm gorduras de péssima qualidade. A receita é muito simples, mas estamos tão acostumados a ver uma grande variedade nos supermercados que não pensamos que podemos produzir nossa própria granola. Os três ingredientes básicos são cereal, açúcar e gordura; a diferença entre uma granola saudável e uma não saudável está na qualidade dos produtos. Nesta receita, usei a aveia como cereal, o melado e/ou rapadura como açúcar e o óleo de coco como gordura. A partir de agora, tenho certeza de que você irá pensar duas vezes antes de comprar uma granola de caixinha.

INGREDIENTES

- 2 xícaras (chá) de aveia ou quinoa em flocos
- ¼-⅓ de xícara (chá) de melado (ou rapadura)
- ¼ de xícara (chá) de óleo de coco
- 3 pitadas de cardamomo em pó (opcional)
- 2 colheres (sopa) de sementes de abóbora sem casca
- ⅓ de xícara (chá) de castanhas-do-pará laminadas ou picadas

MODO DE PREPARO

1. Misture a aveia, o melado, o óleo de coco e o cardamomo numa tigela e passe para a assadeira.
2. Leve ao forno por 30 minutos, em fogo baixo.
3. Com 20 minutos de forno, adicione as sementes de abóbora e as castanhas-do-pará, misture bem e volte para o forno por mais 10 minutos.
4. Retire do forno e deixe esfriar antes de servir. A granola sai do forno ainda mole e, quando esfria, se torna bem crocante.

Creme de arroz integral

vegano - vegetariano - sem glúten

rendimento: 8 porções / tempo: 2 horas + 12 horas do arroz de molho / dificuldade: média

De acordo com as medicinas chinesa e aiurvédica, toda doença começa no intestino. Muitos já ouviram a famosa frase "nós somos o que comemos", mas acredito que podemos ir além disso e dizer que "somos o que metabolizamos". Precisamos digerir bem a comida para que ela seja metabolizada e utilizada, a fim de gerar energia e ativar vários processos de recuperação e manutenção do organismo. Por isso, apresento este creme de arroz integral, alimento de fácil digestão e assimilação, excelente para quem está com a digestão debilitada ou quer manter a saúde. Como o arroz fica de molho e depois cozinha por bastante tempo, torna-se um alimento muito leve. E sua energia morna ajuda no processo de digestão.

INGREDIENTES

- 1 xícara (chá) de arroz integral cateto
- 7 xícaras (chá) de água
- canela a gosto

MODO DE PREPARO

1. Deixe o arroz de molho na água por 12 horas.
2. Coloque o arroz no liquidificador com 1 copo de água do molho, reservando o restante da água. Bata por cerca de 1 minuto, até que vire uma pasta branca.
3. Transfira a pasta de arroz para a panela e adicione o restante da água do molho. Cozinhe em fogo alto, mexendo muito bem até dissolver o arroz.
4. Quando começar a ferver, abaixe o fogo até o mínimo e continue mexendo, até começar a endurecer. Mexa de vez em quando até cozinhar bem, por pelo menos 1 hora e meia.

Tapioca de manga com coco

vegano - vegetariano - sem glúten

rendimento: 4 porções / tempo: 20 min. / dificuldade: fácil

Como boa baiana, não posso negar minha paixão pela tapioca, ingrediente versátil que reina na culinária baiana, desde o beiju ao bolinho de estudante. Nenhum outro prato baiano se difundiu tanto pelo restante do país quanto o beiju de tapioca. A crescente popularidade da tapioca também se deu por ser um alimento sem glúten. E como muitas pessoas decidiram, ou por recomendação médica ou por conta própria, cortar o glúten da dieta, a tapioca ganhou mais espaço, especialmente para substituir o pãozinho do café da manhã. Eu fico feliz por ver um alimento genuinamente brasileiro ganhando valor e espaço na mesa de todos, e espero que esta receita seja mais uma estímulo para o consumo moderado da tapioca.

INGREDIENTES

Massa

- 3 xícaras (chá) de farinha de tapioca, já hidratada
- sal marinho (opcional)

Recheio

- 1 manga-rosa
- 1 colher (chá) de linhaça
- 3 colheres (sopa) de água
- ¼ de coco fresco ralado

MODO DE PREPARO

Massa

1. Aqueça uma frigideira em fogo baixo.
2. Misture uma pitada de sal na farinha de tapioca. Peneire a farinha aos poucos na própria frigideira (cerca de 3 colheres [sopa] para uma tapioca média). Quanto mais fina a massa, melhor; no entanto, muito fina pode quebrar.
3. Cozinhe por cerca de 1 minuto e vire do outro lado.
4. Deixe mais 30 segundos e retire da frigideira. Está pronta para rechear!

Recheio

1. Descasque a manga e corte em quadradinhos. Esprema o caroço da manga com a mão até sair todo o caldo.
2. Leve ao fogo e deixe cozinhar até obter uma textura cremosa, mas sem desmanchar completamente os quadradinhos.
3. Adicione a linhaça diluída em 3 colheres de sopa de água. Espere ferver, abaixe o fogo, acrescente o coco, misture bem e desligue.

Tofu mexido com cúrcuma

vegano* - sem glúten - vegetariano

rendimento: 2 porções / tempo: 10 min. / dificuldade: fácil

Muita gente me pergunta se podemos comer ovos todos os dias. Eu acredito na diversidade alimentar, por isso não precisamos comê-los diariamente, apesar de podermos. Se você gosta de ovo mexidinho, quentinho, amarelinho no café da manhã e quiser variar, experimente o tofu mexido com cúrcuma. O tofu é uma ótima fonte de proteína, cálcio, zinco e, neste caso, pode vir a substituir os ovos em algumas refeições. O segredo deste tofu mexido está nos temperos, especialmente na cúrcuma, que lhe confere a cor amarela e um sabor especial. A cúrcuma é um poderoso anti-inflamatório e ajuda a prevenir doenças do sistema nervoso como Alzheimer e mal de Parkinson. Então, por que não começar o dia com essa maravilha? Bom apetite!

INGREDIENTES

- 1 tofu (250 g) firme
- ½ cebola
- 1 colher (sopa) de ghee (ou azeite)
- 3 dentes de alho
- 1-2 colheres (chá) de cúrcuma (ou açafrão-da-terra)
- uma pitada de cominho
- uma pitada de orégano
- sal marinho a gosto
- gotinhas de limão

MODO DE PREPARO

1. Pressione o tofu com uma toalha limpa, para absorver o excesso de água.
2. Corte a cebola em pequenos pedaços e pique o alho.
3. Aqueça o ghee em uma frigideira média, em fogo médio. Adicione a cebola e o alho e refogue por 2 minutos.
4. Acrescente o restante dos temperos e refogue por mais alguns segundos.
5. Amasse o tofu com um garfo e adicione à frigideira. Mexa bem.
6. Ajuste o sal e finalize com gotinhas de limão.

*Se usar azeite.

Coma bem para viver melhor. #dicadabela

Panqueca doce de banana e aveia

vegano - vegetariano - sem glúten

rendimento: 6 porções / tempo: 15 min. / dificuldade: fácil

Panqueca no Brasil normalmente é um prato salgado, mas nos Estados Unidos ela é muito apreciada no café da manhã. As panquecas americanas são feitas com farinha de trigo refinada, leite de vaca, ovos e servidas com xarope de açúcar. Esta versão mais leve é vegana e 100% natural. Experimente esta receita para impressionar o namorado ou a namorada, filhos ou amigos num delicioso café da manhã de domingo. Talvez seja a chance de conquistá-los pelo estômago, pois ninguém resiste a esta panqueca! Além disso, ela é dietética, pois as fibras da aveia e o ômega-3 da linhaça ajudam a equilibrar os níveis de colesterol no sangue.

INGREDIENTES

- 3 bananas-d'água médias
- 1 xícara (chá) de água (ou leite de amêndoas)
- 2 colheres (chá) de linhaça
- 1 xícara (chá) de farinha de aveia sem glúten
- 1 colher (chá) de fermento em pó
- óleo de coco, para fritar
- melado, mirtilo e banana, para servir

MODO DE PREPARO

1. Bata as bananas, a água e a linhaça no liquidificador.
2. Numa tigela, misture a farinha de aveia com o fermento. Acrescente as bananas batidas.
3. Em uma frigideira, aqueça colher (sopa) de óleo de coco.
4. Coloque uma concha de massa na frigideira, espere 2 minutos e vire. Cozinhe por mais 1 minuto e retire da frigideira.
5. Sirva com melado, mirtilo e banana.

Barrinha de cereal

vegano - vegetariano - sem glúten

rendimento: 12 barrinhas / tempo: 40 min. / dificuldade: fácil

A barrinha de cereal é muitas vezes vista como uma excelente saída para um lanchinho saudável. Porém, basta ler os ingredientes de algumas delas para encontra açúcar e gordura de baixa qualidade, conservantes, estabilizantes, sabores artificiais etc. No Brasil, a lista de ingredientes de um produto é organizada por quantidade, isto é, o ingrediente em maior quantidade vem em primeiro lugar. O curioso é que todas as barrinhas de cereais que conheço têm como primeiro ingrediente na lista do rótulo algum tipo de açúcar. Se é uma barrinha é cereal, o primeiro ingrediente não deveria ser um cereal? Assim como a granola, depois que você perceber como é fácil fazer em casa, evitará ao máximo as barrinhas compradas.

INGREDIENTES

- 2 xícaras (chá) de aveia em flocos
- ¼ de xícara (chá) de gergelim
- ½ xícara (chá) de açúcar mascavo
- ¼ de xícara (chá) de melado de cana
- ¼ de xícara (chá) de amêndoas
- ¼ de xícara (chá) de castanhas-de-caju
- ¼ de xícara (chá) de castanhas-do-pará
- 2 bananas-d'água amassadas
- 1 colher (café) de canela em pó
- 1 colher (sopa) de óleo de coco + um pouco, para untar a fôrma

MODO DE PREPARO

1. Misture todos os ingredientes numa tigela até formar uma massa homogênea.
2. Despeje a massa na fôrma untada com óleo de coco, alisando com uma espátula molhada para não grudar.
3. Preaqueça o forno por 5 minutos a 180 °C, e asse a massa por 30 minutos.
4. Ainda quente, marque o tamanho das barrinhas e espere esfriar para cortar.

A merenda escolar não é sinônimo de besteira. É o lanche que seu filho come 5 vezes por semana, é a construção de um hábito. #dicadabela

Pão caseiro sem glúten

vegetariano - sem glúten

rendimento: 1 unidade / tempo: 1 hora / dificuldade: média

Muitas pessoas que cortaram o glúten da dieta, quando encontram um produto sem glúten, acham que é uma ótima opção, independente de ele ser saudável ou não. Muitas vezes, pessoas que não têm alergia ao glúten deixam de comer um bom pão com glúten para comer um pão sem glúten rico em amido, ovos pasteurizados e margarina. Então, para as pessoas alérgicas ao glúten e para aquelas que querem diminuir o seu consumo, esta é uma receita que vale a pena experimentar pelo seu alto valor nutritivo, seus ingredientes 100% naturais e seu sabor delicioso.

INGREDIENTES

- 1 ½ xícara (chá) de farinha de amêndoas (ou você pode dividir em: ¾ de xícara [chá] de farinha de amêndoas, ¾ de xícara [chá] de castanhas-do-pará moídas e ¾ de xícara [chá] de nozes moídas)
- ¾ de xícara (chá) de araruta em pó (ou amido de milho)
- ¼ de xícara (chá) de linhaça triturada (ou farinha de linhaça)
- ½ colher (chá) de sal marinho
- ¼ de colher (chá) de bicarbonato de sódio
- ¼ de colher (chá) de fermento químico em pó
- 4 ovos
- 1 colher (chá) de vinagre de maçã

MODO DE PREPARO

1. Coloque a farinha de amêndoas em uma tigela média.
2. Acrescente a araruta, a linhaça, o sal, o bicarbonato de sódio e o fermento.
3. Em uma tigela grande, bata os ovos e o vinagre.
4. Misture os ingredientes molhados (ovos batidos) aos secos.
5. Unte uma fôrma de pão ou bolo inglês com farinha de araruta.
6. Coloque a massa na fôrma e leve no forno. Asse a 200 °C por 40 minutos. Deixe esfriar e sirva.

Troque uma porção de prazer por uma porção de bem-estar. #dicadabela

Pão de mandioquinha

vegano - vegetariano - sem glúten

rendimento: 36 porções / tempo: 50 min. / dificuldade: média

Para quem está tentando se livrar do pão de queijo industrializado ou do leite e seus derivados, ou simplesmente quer alternativas de lanches saudáveis, este pão de mandioquinha vai superar todas as expectativas. É crocante por fora e molinho por dentro, do jeito que eu adoro! A mandioquinha é rica em cálcio, importante para os dentes e ossos, além de conter ferro, fósforo, potássio, magnésio, vitaminas B e C e betacaroteno, poderoso antioxidante precursor da vitamina A, importante para a saúde dos olhos, unhas e cabelos.

INGREDIENTES

- 200 g de polvilho azedo
- 300 g de polvillho doce
- 1 colher (chá) de sal marinho
- 1 colher (sopa) de orégano, alecrim ou manjericão
- açafrão-da-terra, para ficar mais amarelinho (opcional)
- 150 ml de azeite de oliva
- 500 g de mandioquinha (cozida e passada no espremedor)
- ⅓ de xícara (chá) de água

MODO DE PREPARO

1. Misture o polvilho azedo, o polvilho doce, o sal, o orégano, o açafrão-da-terra e o azeite em uma tigela grande.
2. Acrescente o purê de mandioquinha e, aos poucos, vá adicionando a água. Misture a massa até ficar homogênea.
3. Molde os pães do tamanho e formato que desejar.
4. Preaqueça o forno por 10 minutos a 180 °C.
5. Coloque os pães em uma assadeira não untada e asse por 20 a 25 minutos, dependendo do forno. Se necessário, após esses 20 minutos, aumente a temperatura do forno (por volta dos 200 °C) e deixe por cerca de 15 minutos, para dourar um pouco a massa.

Sanduíche de couve com homus rosa e quinoa

vegano - vegetariano - sem glúten

rendimento: 5 porções / tempo: 30 min. + 8 horas do grão-de-bico de molho / dificuldade: elaborada

Quando o clima está quente não precisamos comer muitas gorduras e nem abusar de alimentos gordurosos como frituras, azeites, nozes, amêndoas etc. Esses são alimentos altamente calóricos, que esquentam o organismo e freiam a digestão, nos deixando mais letárgicos e cansados. O maior segredo para não ficar desanimado e com falta de energia no calor é comer na medida certa. Se comer demais, o organismo terá sobrecarga e falta de energia, pois boa parte dela será direcionada para o trabalho da digestão. Se comer de menos, o organismo ficará enfraquecido e também sem energia. Por isso, montei este sanduíche supercompleto: nutritivo, muito bonito e que sacia sem tirar a energia. Bom apetite!

INGREDIENTES

Homus

- 2 beterrabas cozidas
- 1 xícara (chá) de grão-de-bico deixado de molho por 8 horas
- ⅓ de xícara (chá) de tahine
- 1 dente de alho
- suco de 1 limão
- sal marinho a gosto
- azeite extravirgem a gosto

Sanduíche

- 1 xícara (chá) de quinoa
- 10 folhas de couve
- 1 xícara (chá) de homus
- 1 cenoura ralada bem fina, temperada com azeite e limão
- 1 xícara (chá) de microverdes (ou minifolhas e brotos)
- 10 folhas de azedinha (opcional)

MODO DE PREPARO

Homus

1. Corte a beterraba em pedaços médios e cozinhe por 10 minutos na água.
2. Coloque o grão-de-bico para cozinhar na panela de pressão, por 40 minutos.
3. Coloque todos os ingredientes no processador ou liquidificador e bata até obter uma pasta grossa e homogênea, adicionando o quanto de azeite achar necessário.

Montagem do sanduíche

1. Cozinhe a quinoa por 10 minutos.
2. Escalde as folhas de couve até ficarem brilhantes. Retire o talo das couves.
3. Numa tábua, coloque duas folhas de couve na vertical (uma virada para você e a outra ao contrário).
4. Espalhe sobre a couve, no sentido horizontal, 1 colher cheia de homus. Coloque sobre o homus 1 colher de quinoa e, por cima, a cenoura ralada, os microverdes e a azedinha.
5. Enrole a couve fechando primeiro as laterais; depois enrole a partir da ponta mais perto de você. Corte ao meio, na diagonal e sirva quente ou frio.

Sanduíche de cogumelo shitake com cebola ao shoyu

vegano - vegetariano

rendimento: 1 porção / tempo: 15 min. / dificuldade: fácil

O conceito de fast-food não é ruim só pela comida em si, mas pelo modo como é consumida. Em geral, come-se muito rápido, não se saboreia o suficiente e não se recebe o sinal de saciedade no momento certo, o que faz com que se coma mais do que se deveria. O sanduíche é um alimento rápido e prático, porém, às vezes, nada saudável. Mas este sanduíche de cogumelos, cebola caramelizada e abacate mostra que podemos preparar uma refeição gostosa e saudável em menos de 15 minutos. Tenha sempre em casa legumes e verduras limpos e cortados, assim você poderá preparar pratos saudáveis em poucos minutos.

INGREDIENTES

- 100 g de cogumelos shitake (aproximadamente 7 unidades)
- 2 colheres (sopa) de azeite de oliva
- ½ cebola cortada em fatias finas
- uma pitada de sal marinho
- 1 colher (sopa) de shoyu
- 1 ramo de alecrim
- ½ colher (sopa) de azeite trufado (opcional)
- 2 fatias de pão de centeio
- ½ abacate
- 2 colheres (chá) de mostarda
- 1 folha de alface-crespa

MODO DE PREPARO

Recheio

1. Limpe os cogumelos com papel--toalha úmido.
2. Coloque um fio de azeite na frigideira e refogue a cebola. Acrescente os cogumelos e refogue até ficarem bem macios.
3. Acrescente uma pitada de sal, o shoyu, o alecrim e o azeite trufado. Deixe refogar até murchar (aproximadamente 3 a 5 minutos). Retire os cogumelos e reserve.
4. Coloque o pão na mesma panela e esquente por cerca de 1 minuto de cada lado.
5. Corte o abacate em tiras finas.

Montagem

1. Separe as duas fatias de pão de centeio e espalhe um pouco de mostarda sobre elas.
2. Acrescente os cogumelos com as cebolas caramelizadas.
3. Coloque as tiras de abacate e uma folha de alface dobrada ao meio.

Rolinhos de folha de arroz com molho de amendoim

vegano - vegetariano - sem glúten

rendimento: 4 porções / tempo: 50 min. / dificuldade: média

Estes rolinhos de arroz são feitos com papel ou folha de arroz, muito utilizada na culinária asiática. Eu adoro estes rolinhos, porque lembram muito o rolinho primavera mas sem a fritura, o que os torna mais leves e próprios para o verão. As folhas de arroz podem ser encontradas em lojas de produtos naturais ou produtos asiáticos. Ter a folha de arroz em casa é uma ótima saída para preparar um prato novo com ingredientes que já estavam na geladeira. Simplesmente recheie a folha de arroz com legumes, verduras, ervas e até peixe ou frango já prontos, e você terá um prato lindo com um ar supernovo!

INGREDIENTES

Rolinho

- 1 bardana (ou inhame, beterraba ou nabo)
- 2 cenouras
- 2 colheres (sopa) de missô
- 2 xícaras (chá) de água
- 2 dentes de alho
- 4 folhas de arroz
- 1 pepino pequeno
- 20 folhas de hortelã (ou menos, a gosto)
- amendoim tostado sem sal (apenas para cobrir os vegetais)
- gergelim preto, para decorar (opcional)

Molho

- 2/3 de xícara (chá) de amendoim
- 1 colher (sobremesa) de melado
- 1 colher (chá) de óleo de gergelim tostado
- ⅓ de xícara (chá) do molho do cozimento da cenoura e da bardana
- ½ dente de alho
- gotinhas de limão

MODO DE PREPARO

Rolinho

1. Corte a bardana e as cenouras em formato de palitos finos.
2. Dilua o missô na água. Leve o missô, a bardana, as cenouras e o alho ao fogo por 5 minutos.
3. Retire as cenouras e a bardana e reserve o molho.
4. Coloque as folhas de arroz de molho na água morna para que elas amoleçam um pouco.

5. Corte o pepino na longitudinal.
6. Em seguida, coloque as folhas de arroz em uma tábua e acrescente as folhas de hortelã, as cenouras, a bardana, o pepino e o amendoim tostado sem sal. Enrole.
7. Salpique gergelim preto, para decorar.

Molho

1. Bata todos os ingredientes no liquidificador até formar um creme.

Sucos & vitaminas

Suco de cúrcuma

vegetariano - sem glúten

rendimento: 1 porção / tempo: 15 min. / dificuldade: fácil

Acho que não conheço outro aliado melhor para tratar gripes e resfriados do que este suco. O seu ingrediente principal é a cúrcuma, cujo princípio ativo é a curcumina, poderoso antioxidante com propriedade antibiótica, anti-inflamatória, antirreumática, entre vários outros benefícios. E, junto com a cúrcuma, temos o limão, riquíssimo em vitamina C, que aumenta a imunidade do organismo, o gengibre, com o poder de esquentar o corpo, e o mel, com suas propriedades antivirais e antibióticas e sua capacidade de eliminar o muco. Isso tudo faz um coquetel maravilhoso para combater os resfriados.

INGREDIENTES

- 2 colheres (chá) de açafrão-da-terra em pó (ou 1 colher [sobremesa] de cúrcuma fresca picada)
- suco de ½ limão
- 2 colheres (chá) de gengibre
- 1 colher (chá) de cardamomo em pó
- 2 colheres (chá) de mel cru
- 1 copo de água

MODO DE PREPARO

1. Junte todos os ingredientes no liquidificador e bata até virar um suco.

Evite beber líquidos durante as refeições e opte por chás digestivos ao final delas.
#dicadabela

Suco verde cremoso

vegano - vegetariano - sem glúten

rendimento: 1 porção / tempo: 5 min. / dificuldade: fácil

Este suco verde é uma ótima maneira de apresentar os verdes a uma criança ou a um adulto que diz não gostar de folhas. A cremosidade que a banana e a linhaça dão ao suco, mais a pitada de canela, que intensifica o sabor, tornam este suco, ou vitamina, um delicioso café da manhã. É bom começar o dia com alimentos de fácil digestão e de propriedades desintoxicantes. Além de gostoso, o suco verde cremoso é rico em potássio, clorofila, cálcio, ferro e muitos outros nutrientes necessários ao bom funcionamento do organismo.

INGREDIENTES

- 1 folha grande de couve
- 1 banana-d'água
- 1 colher (sopa) de linhaça
- uma pitada de canela
- 1 xícara (chá) de água

MODO DE PREPARO

1. Higienize a couve.
2. Bata os ingredientes no liquidificador e tome imediatamente.

Suco verde de lima

vegano - vegetariano - sem glúten

rendimento: 1 porção / tempo: 5 min. / dificuldade: fácil

Sou fã de lima-da-pérsia. Doce e amarga ao mesmo tempo, é das minhas frutas favoritas. Adoro começar o dia com um belo copo deste suco verde, pois ajuda a limpar o sistema linfático, desintoxica o fígado e fornece vitamina C, cálcio, potássio e vitaminas B2 e B5. A lima é uma fruta cítrica de baixa acidez, quando consumida pela manhã, pode ajudar no combate à hiperacidez gástrica, além de aumentar a absorção de ferro e potencializar a saúde das artérias. O segredo para saborear este suco é tomá-lo imediatamente e, assim, aproveitar as vitaminas.

INGREDIENTES

- 1 folha de couve
- 10 folhas de hortelã
- 1 xícara (chá) de suco de lima-da-pérsia
- gelo (opcional)

MODO DE PREPARO

1. Bata os ingredientes no liquidificador e tome imediatamente.

Lassi de manga

vegano - vegetariano - sem glúten

rendimento: 2 a 4 porções / tempo: 10 min. / dificuldade: fácil

Curiosamente, a manga é uma das frutas mais consumidas no mundo, talvez por ser muito abundante na Índia, onde a população ultrapassa 1 bilhão de habitantes. Lassi de manga, uma bebida típica da Índia, é feita com suco de manga, açúcar e iogurte. Nesta receita, usei manga, leite de amêndoas e cardamomo, que torna o lassi vegano e mais digestivo para as pessoas intolerantes ou alérgicas ao leite. A manga também é rica em vitamina A e betacaroteno, que nos traz um belo bronzeado. Com uma manga da época bem madura e docinha, esta vitamina é perfeita para o verão.

INGREDIENTES

- 3 sementes de cardamomo (ou uma pitada de cardamomo em pó)
- 1 manga palmer cortada em pedaços médios (ou qualquer manga madura)
- 2 xícaras (chá) de leite de amêndoas (veja p. 168)
- 1 colher (sopa) de melado ou mel cru (opcional)

MODO DE PREPARO

1. Quebre a casca das sementes de cardamomo e utilize somente as bolinhas de dentro.
2. Bata tudo no liquidificador.

Vitamina arco-íris

vegano* - vegetariano - sem glúten

rendimento: 3 porções / tempo: 30 min. / dificuldade: média

Esta vitamina é a prova de que beleza também põe mesa! Não conheço ninguém que já tenha visto esta bebida e não tenha tido vontade de prová-la. É tão linda e divertida que abre o apetite só de olhar... No copo, é uma verdadeira salada de frutas, na qual você pode utilizar suas frutas preferidas para variar as cores e os sabores. Além das opções da receita, é legal usar também abacate, couve, maracujá, beterraba, amora, mirtilo, açaí, mamão e tantas outras opções de frutas e vegetais.

INGREDIENTES

Base

- 1 goiaba vermelha
- 2 colheres (sopa) de creme de coco
- 2 colheres (sopa) de mel cru ou melado de cana (opcional)

Segunda camada

- ½ xícara (chá) de framboesa
- ½ xícara (chá) de morango
- 1 banana-d'água ou nanica (opcional)

Terceira camada

- 2 kiwis
- 1 colher (sopa) de espinafre picado (pode escaldar o espinafre antes de bater, para diminuir o teor de oxalato)
- 2 colheres de mel cru (opcional)

Topo

- 1 xícara (chá) de manga

MODO DE PREPARO

1. Bata os ingredientes de cada camada separadamente, reservando-os em potes diferentes.
2. Para montar a vitamina, coloque no copo, cuidadosamente, de 2 a 3 colheres (sopa) de cada sabor. Coloque uma camada sobre a outra, sem deixar que elas se misturem.

*Se usar melado de cana.

Vitamina de banana com amora

vegano - vegetariano - sem glúten

rendimento: 4 porções / tempo: 5 min. / dificuldade: fácil

Lá em casa, esta vitamina é um hit do verão no café da manhã. A banana com a aveia dão uma cremosidade incrível e a amora deixa a vitamina cor-de--rosa, despertando ainda mais a curiosidade da minha filha. Além de linda, a vitamina de banana com amora é altamente nutritiva, com propriedades antioxidantes. É uma ótima pedida para as crianças, porém, como a banana é uma fruta que resfria muito o corpo, se o seu filho ou a sua filha tiverem tendência a resfriados e corizas, é melhor evitá-la, substituindo-a por maçã ou pera cozidas.

INGREDIENTES

- 2 bananas-d'água (outras opções de fruta: pera e maçã cozidas ou mamão)
- 1 ½ xícara (chá) de amora (aproximadamente 20 unidades)
- 1 colher (sopa) de linhaça
- 3 colheres (sopa) de aveia em flocos finos
- 1 colher (sopa) de melado de cana (opcional)
- 1 ½ xícara (chá) de água

MODO DE PREPARO

1. Bata todos os ingredientes no liquidificador e sirva.

Milkshake de chocolate com abacate

vegano - vegetariano - sem glúten

rendimento: 2 a 4 porções / tempo: 10 min. + 4 horas da castanha de molho / dificuldade: fácil

Um milkshake de chocolate geladinho pode cair muito bem em alguns momentos da vida. Mas, ao invés de tomar um milkshake superaçucarado, rico em gordura trans e leite de vaca industrializado, podemos nos deleitar com um milkshake nutritivo e megassaboroso, feito com ingredientes naturais. Esta receita poderia ter outro nome, pois não leva leite e é rica em proteína, vitaminas, minerais e gorduras de alta qualidade que ajudam a formar as membranas das células.

INGREDIENTES

- ½ xícara (chá) de aveia em flocos
- ½ xícara (chá) de castanhas--de-caju cruas e sem sal, de molho por 4 horas
- ⅓ de xícara (chá) de cacau em pó
- 1 colher (sopa) rasa de abacate
- 3 colheres (chá) de baunilha
- 5 colheres (sopa) de melado
- 2 xícaras (chá) de raspas de gelo

MODO DE PREPARO

1. Bata todos os ingredientes no liquidificador e sirva.

Evite o açúcar! Ele enfraquece os ossos e impede que os outros nutrientes sejam absorvidos pelo organismo. #dicadabela

Achocolatado com leite de castanha-do-pará

vegano - vegetariano - sem glúten

rendimento: 2 porções / tempo: 10 min. + 6 horas da castanha de molho / dificuldade: fácil

O achocolatado é uma bebida que tanto crianças como adultos adoram. Porém, a maioria dos achocolatados industrializados contém excesso de açúcar; se for consumido com muita frequência, pode alterar o pH do sangue e desmineralizar os ossos. O leite industrializado que serve de base para o achocolatado pode inibir a digestão de proteínas no estômago, causar alergias e até o aparecimento de doenças como aterosclerose, diabetes tipo 2, câncer de mama, de cólon e de ovário. Por isso, resolvi criar um achocolatado mais saudável, composto de: leite de castanha-do-pará, rica em selênio; cacau em pó, que contém antioxidantes; e tâmaras, que, além de adoçar, contribuem com suas fibras.

INGREDIENTES

- ½ xícara (chá) de castanhas-do-pará
- 4 copos de água fresca
- 1 colher (sobremesa) de cacau em pó
- ½ xícara (chá) de tâmaras secas sem caroço
- gelo (se necessário)
- canela, fava de baunilha, banana a gosto (opcional)

MODO DE PREPARO

1. Deixe as castanhas de molho por 6 horas (ou de um dia para o outro).
2. Escorra a água das castanhas. Coloque-as no liquidificador com os 4 copos de água fresca e bata até virar um leite.
3. Passe o leite por um pano, peneira ou saco para leite vegetal e esprema o líquido.
4. Volte o leite para o liquidificador e bata com o cacau e as tâmaras, até obter um achocolatado.
5. Pode-se adicionar canela, fava de baunilha, banana etc.

Receitas básicas da Bela

Caldo de legumes

vegano - vegetariano - sem glúten

rendimento: 2 litros / tempo: 2 horas / dificuldade: fácil

INGREDIENTES

- 2 litros de água
- 1 cenoura
- ½ alho-poró
- 1 talo de aipo
- um punhado de salsinha
- ½ cebola cortada em quartos
- 2 dentes de alho
- 1 ramo de alecrim
- 1 ramo de tomilho
- sal marinho a gosto

MODO DE PREPARO

1. Coloque a água numa panela grande e leve ao fogo para ferver.
2. Adicione os vegetais, as ervas e o sal. Deixe cozinhar em fogo baixo por 2 horas.
3. Use o caldo para fazer sopas ou como substituto para a água ao cozinhar o arroz e o feijão.

Ghee

vegetariano - sem glúten

rendimento: 200g / tempo: 40 min. / dificuldade: média

INGREDIENTES

- 250 g de manteiga sem sal

MODO DE PREPARO

1. Coloque a manteiga em uma panela e leve ao fogo médio. A manteiga derreterá até começar a ferver. Observe que formará uma espuma e, em seguida, ela vai baixar.
2. Quando formar a segunda espuma, apague o fogo. Cristais se formarão no fundo da panela.
3. Após esfriar, coe e coloque em um vidro. Deixe no freezer até endurecer e, então, retire. Está pronta para usar! Conserve fora da geladeira.

Molho vermelho

vegano - vegetariano - sem glúten

rendimento: 6 porções / tempo: 40 min. / dificuldade: média

INGREDIENTES

- 2 colheres (sopa) de azeite de oliva
- ½ cebola picada
- 2 dentes de alho picados
- 3 cenouras descascadas e cortadas em pedaços médios
- ½ beterraba grande descascada e cortada em pedaços médios
- 3 copos de água
- 1 colher (sobremesa) de orégano
- 1 folha de louro
- 2-3 colheres (chá) de sal marinho
- ½ xícara (chá) de manjericão fresco picado + ¼ de xícara (chá) para finalizar
- 1 colher (chá) de vinagre de maçã ou de arroz

MODO DE PREPARO

1. Aqueça o azeite em uma panela de fundo grosso, em fogo médio.

2. Adicione a cebola e o alho e refogue, mexendo de vez em quando, por 5 minutos, até que as cebolas fiquem translúcidas.

3. Acrescente as cenouras, a beterraba, a água, o orégano, a folha de louro, o sal e o manjericão. Tampe a panela e deixe ferver.

4. Em seguida, abaixe o fogo e cozinhe por cerca de 30 minutos, até que os vegetais estejam bem macios.

5. Retire do fogo e bata a mistura com um mixer ou liquidificador e ajuste o tempero, se necessário.

6. Adicione a outra parte do manjericão picado e o vinagre e leve ao fogo por mais 5 minutos. Está pronto para servir.

Leite de amêndoas

vegano - vegetariano - sem glúten

rendimento: 1 litro / tempo: 5 min. 6-8 horas das amêndoas de molho / dificuldade: fácil

INGREDIENTES

- 1 copo de amêndoas cruas
- 4 copos de água

Sugestão:

Quem gosta de leite mais consistente, deve colocar menos água; quem prefere com menos consistência, deve acrescentar mais água.

MODO DE PREPARO

1. Lave as amêndoas e deixe-as de molho com a água cobrindo-as por completo de um dia para o outro, ou coloque na geladeira por mais dias.
2. Escorra as amêndoas da água do molho e retire a película (opcional). Bata no liquidificador com a água. Coe com um pano ou uma peneira bem fina.
3. Se não for consumido na hora, coloque o leite fresco na geladeira, onde pode ser conservado por 3 dias.

Leite de coco caseiro

vegano - vegetariano - sem glúten

rendimento: 1 litro / tempo: 5 min. / dificuldade: fácil

INGREDIENTES

- 1 copo de polpa de coco
- 4 copos de água quente

MODO DE PREPARO

1. Bata tudo no liquidificador e coe com um pano ou uma peneira bem fina.

Biomassa de banana verde

vegano - vegetariano - sem glúten

tempo: 20 min. / dificuldade: fácil

INGREDIENTES

- 6 bananas verdes
- água

MODO DE PREPARO

1. Corte as bananas verdes do cacho, com a ajuda de uma faca ou tesoura.
2. Lave as cascas das bananas e coloque na panela de pressão, com água suficiente para cobri-las. Tampe a panela e, quando atingir pressão, abaixe o fogo e deixe ferver por 8 a 10 minutos. Desligue o fogo e espere a pressão sair naturalmente.
3. Abra a panela de pressão com cuidado. Retire as bananas e descasque-as com a ajuda de uma faca.
4. Coloque as polpas ainda bem quentes no liquidificador e bata com o mínimo de água, até virar uma pasta bem cremosa. Guarde na geladeira ou no congelador para fazer pães, bolos, musses etc.

#EuNoLivroBelaCozinha2

franzinha_v

lauramacielwolf

beca_allana

lauramacielwolf

verasbeta

biancabritovski

rafaelaguadalupe

bbrulon

lauramacielwolf

thurlercarol

lailaferreira1

formiguinha_fit

marbordallo

rafaelaguadalupe

saladadesaude_katherine
Salada de Saúde Produtos Nutricionais

cozinhabarbara

#EuNoLivroBelaCozinha2

danipbio

milahsf

schulzinca

verasbeta

schulzinca

lauramacielwolf

cozinhe_com_amor

estevaolemuel

nice.landia

dri_leao

cozinhe_com_amor

amandadaradda

carolrodriguesveganfood

semculpanenhuma

vocesimples

naneregulle

Índice

gnt

Diretora **Daniela Mignani**

Gerente de marketing **Mariana Novaes**

Coordenadora de marketing **Priscila Moherdaui**

Analista de marketing **Fernanda Barreto**

Texto fixado conforme as regras do Novo Acordo Ortográfico da Língua Portuguesa (Decreto Legislativo nº 54, de 1995).

Diretor executivo **Mauro Palermo**
Editora responsável **Camila Werner**
Editora assistente **Elisa Martins**
Textos e receitas **Bela Gil**
Fotos (receitas, externas e capa) **Sergio Coimba/StudioSC**
Fotos (pp. 2, 4-5, 6-7, 9, 180-81) **Pedro Serrão/GNT**
Direção criativa **JP Demasi**
Direção de arte e diagramação **Júlia Bueno**
Produção **José Gil**
Preparação de texto **Silvana Salerno**
Revisão **Camile Mendrot/Ab Aeterno** e **Thiago Barbalho**
Arte final **Gisele Baptista de Oliveira** e **Diego de Souza Lima**
Maquiagem **Markito Costa (capa, p. 84, 139, 172)**
Assistentes de cozinha **Debora Ramos** e **Odete Gomes**

1ª edição, 2015
2ª reimpressão, 2016

CIP-BRASIL. CATALOGAÇÃO NA PUBLICAÇÃO
SINDICATO NACIONAL DOS EDITORES DE LIVROS, RJ

Gil, Bela, 1988-
G392b Bela Cozinha 2 / Bela Gil. - 1. ed. - São Paulo : Globo, 2015.
il.

Inclui índice
ISBN 978-85-250-6116-4

1. Culinária brasileira. 2. Hábitos alimentares. 3. Saúde - Aspectos nutricionais. 4. Qualidade de vida. I. Título.

15 26260 CDD: 641.50981
CDU: 641.568(81)

Editora Globo S. A.
Av. Nove de Julho, 5229 – 01407-907 – São Paulo – SP
www.globolivros.com.br

Este livro, composto na fonte Archer,
foi impresso em papel Couchê fosco 170 g/m², na gráfica Ipis.
São Paulo, março de 2016.